Rosa Thoneick

Wir
vom Jahrgang
1986
Kindheit und Jugend

Impressum

Bildnachweis:

Umschlag: Privatarchiv Rosa Thoneick (vorne oben, hinten), Privatarchiv Christine Vicum (vorne unten);
Innenteil: Privatarchiv Rosa Thoneick: S. 4, 5, 6, 7, 9, 11, 12 o., 14, 15, 16, 18 o.l./u., 19 o./u., 20 u., 22 o.l./o.r./u., 23, 27, 29, 31, 33 o./u., 34 l., 38 o., 45 o., 49, 52 o., 53; Privatarchiv Lücke: S. 8, 10, 12 u., 17, 18 o.r., 20 o., 24, 28, 30 l., 40, 41; Privatarchiv Christine Vicum: S. 21, 25, 30 r., 34 r., 36, 37 M., 43 u.; Privatarchiv Valerie Schmidt: S. 37 o., 38 u., 45 u., 50, 51, 54 l., 55, 56, 62, 63 o.r.; Privatarchiv Julia Skopnik: S. 48, 58, 59, 60, 63 u.; Privatarchiv Verena Kurz: S. 52 u.l./r., 54 r., 61; KfB-Bankengruppe, Foto Rienäcker: S. 57; Privatarchiv Rebecca Albert: S. 63 o.l.;
ullstein bild – Sven Simon: S. 13; ullstein bild – TopFoto: S. 32; ullstein bild – Grabowsky: S. 35.; ullstein bild – Sawatzki: S. 39; ullstein bild – Ralf Lutter: S. 44; ullstein bild – ddp: S. 47; picture-alliance/dpa: S. 43

Wir danken allen Lizenzträgern für die freundliche Abdruckgenehmigung.
In Fällen, in denen es nicht gelang, Rechtsinhaber an Abbildungen zu ermitteln, bleiben Honoraransprüche gewahrt.

7. Auflage 2025
Alle Rechte vorbehalten, auch die des auszugsweisen Nachdrucks und der fotomechanischen Wiedergabe.
Gestaltung und Satz: r2 | Ravenstein, Verden
Druck: Druck- und Verlagshaus Thiele & Schwarz GmbH, Kassel
Buchbinderische Verarbeitung: Buchbinderei S. R. Büge, Celle
© Wartberg Verlag GmbH & Co. KG
34281 Gudensberg-Gleichen • Im Wiesental 1
Telefon: 056 03/9 30 50 • www.wartberg-verlag.de
ISBN: 978-3-8313-3086-7

Vorwort
Liebe 86er!

Was für ein Jahr: 1986 hat sich als das Jahr ins kollektive Gedächtnis gebrannt, in dem das Reaktorunglück in Tschernobyl die Menschen schockierte. Trotzdem stand 1986 unter einem guten Stern: Es war das Internationale Jahr des Friedens, in dem mit Gorbatschows Versprechen zum Abbau der Atomwaffen wichtige Schritte hin zum Ende des Kalten Kriegs getan wurden. Den Grand Prix gewann 1986 die Sängerin Sandra Kim mit dem Titel „J'aime la vie"– Ich liebe das Leben.

Auch wir liebten das Leben. Als Jennifer oder Jan, Sarah oder Dennis, Stefanie oder Christian – denn so hießen in unserem Jahrgang die meisten Kinder. Unsere Kindheit und Jugend war eine Zeit des Umbruchs und Aufbruchs – nicht nur persönlich. Die Mauer fiel und Deutschland wuchs zusammen, während wir die Abenteuer von Pippi Langstrumpf und Micky Maus verfolgten. Wir wuchsen mit Barbie und Gameboy auf, gingen mit Scout-Ranzen und Lamy-Füller in die Schule. Unsere Musik hörten wir nicht, wir sahen sie: auf Musiksendern wie MTV und VIVA. Wir erlebten die digitale Revolution, hatten Handys, chatteten bei ICQ. Wir bezahlten erst mit D-Mark, dann mit Euro. Wir erlebten den Wandel von der Massengesellschaft zur globalisierten Gesellschaft. Die Welt öffnete und vernetzte sich. Und uns eröffneten sich Möglichkeiten, viel mehr als den Generationen vor uns. Damit mussten wir erstmal lernen umzugehen.

Wenn ihr immer noch wisst, wie ein Modem beim Einwählen klingt, wenn ihr euch an VIVA vor der Klingeltonwerbung erinnert, wenn ihr immer noch „Wannabe" von den Spice Girls Wort für Wort mitsingen könnt, dann seid ihr hier richtig. Lasst uns zurückblicken auf unsere ersten 18 Jahre.

Rosa Thoneick

Die Ökowelle schwappt ins Kinderzimmer

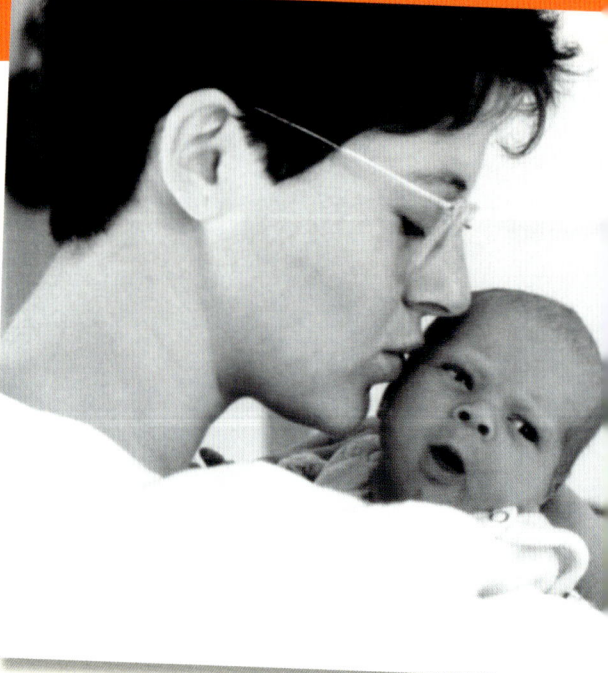

Kein Leben hinter Glas

Am Anfang war der Schrei. Wir wurden geboren: im Krankenhaus oder in einer Arztpraxis. Die Eltern unserer Generation waren die ersten, die die Wahl hatten, ambulant zu entbinden. Die Wehen setzten ein, und unsere Eltern fuhren in ihrer Ente oder dem eckigen Audi zur Arztpraxis – selbst am Sonntag. Dort warteten der

Chronik

15. Januar 1986
Der sowjetische Parteichef Michail Gorbatschow schlägt einen Drei-Stufen-Plan für den Abbau aller Atomwaffen vor.

20. Januar 1986
Frankreich und Großbritannien vereinbaren den Bau eines Eisenbahntunnels unter dem Ärmelkanal.

28. Januar 1986
Beim bisher schwersten Unfall der bemannten Raumfahrt explodiert nach dem Start die US-Raumfähre Challenger.

28. Februar 1986
In Stockholm wird der schwedische Ministerpräsident Olof Palme erschossen.

26. April 1986
In einem Atomkraftwerk im ukrainischen Tschernobyl kommt es zum bisher größten Kernreaktorunfall in der Geschichte.

16. Oktober 1986
Mit dem Ersteigen des Berges Lhotse hat der Südtiroler Reinhold Messner als erster Bergsteiger alle 14 Achttausender erklettert.

22. November 1986
Der amerikanische Boxer Mike Tyson wird nach K.o.-Sieg über Trevor Berbick mit 20 Jahren jüngster Schwergewichtsweltmeister aller Zeiten.

28. Mai 1987
Der 19-jährige Mathias Rust sorgt für Aufsehen, weil er in einem Flugzeug die russische Grenze überquert, einige Runden über dem Roten Platz in Moskau dreht und anschließend hundert Meter weiter auf einer Brücke landet.

11. Oktober 1987
Der ehemalige schleswig-holsteinische Ministerpräsident Uwe Barschel wird tot in einem Genfer Hotelzimmer gefunden.

20. August 1988
Nach acht Jahren Kampfhandlungen endet der Erste Golfkrieg zwischen dem Iran und dem Irak mit einem Waffenstillstand.

28. August 1988
Beim Schauflug einer italienischen Kunststaffel im deutschen Ramstein kollidieren drei Düsenjäger. 70 Menschen sterben.

Die ersten Gehversuche:
Am liebsten ließen wir uns tragen.

Arzt und seine Mitarbeiter auf unsere Eltern, und die wiederum warteten darauf, endlich ihre Sprösslinge im Arm zu halten. Das durften sie im Vergleich zu ihrer Elterngeneration auch sehr schnell: Nachdem die Nabelschnur abgetrennt worden war, lagen wir schon auf dem Bauch unserer Mutter im Krankenbett. Nicht, wie die Generationen von Kindern vor uns, in einem Gitterbett hinter einer Glasscheibe. Unsere Eltern, von denen manche während ihrer Jugend als Hippies die Welt verändern wollten, setzten auf Körperkontakt zu ihrem Kind. Erziehungsratgeber hatten sie davon überzeugt, dass die Nähe zu den Eltern unser junges Selbstbewusstsein

kräftigen würde. Ob das auch stimmte, konnte damals noch niemand absehen. Wir zumindest kümmerten uns darum wenig. Im Gitterbett oder auf dem Bauch von Mama – wir wollten einfach nur schlafen, essen und mit Schreien auf uns aufmerksam machen.

Fahren ohne Stoßdämpfer

Unsere Umgebung erkundeten wir in den ersten Jahren vom Kinderwagen aus. Angesagt waren in den 80er-Jahren die Buggys. In denen lagen wir nicht wie in herkömmlichen Kinderwagen, eher saßen wir wie in einem Stuhl mit Rollen. Mit Gurten wurde der Oberkörper festgeschnallt, ein Gurt zwischen den Beinen hinderte uns daran wegzurutschen. Einen Nachteil hatten die modernen Wagen aber schon: Sie hatten keine Stoßdämpfer, weshalb wir auf Kopfsteinpflaster wie wild durchgeschüttelt wurden. Doch der Buggy ließ sich auch zusammenklappen. Als etwas groß geratener Spazierstock störte er unsere Eltern nicht beim Weitergehen. Uns nahmen sie ganz einfach auf den Arm.

Im Buggy: Schlafen war die Lieblingsbeschäftigung.

Schwer waren wir in unseren ersten Monaten ja noch nicht. Manche Eltern trugen ihre Kinder die ganze Zeit am Körper: in Tragesitzen aus Kord mit Kopfstütze oder in wild gemusterten Tüchern. Die wickelten sich die Mütter um die Hüfte und den Rücken und trugen ihren Zögling auf dem Bauch. In dieser Position blickten wir allerdings nie nach vorn, sondern nur über die Schulter der Mutter. Wir lernten die Welt rückwärts kennen.

Lieblingsspielzeug: Ein eigener Krämerladen.

Pädagogisch wertvoll und aus Holz

Die 80er-Jahre: Die Väter trafen sich in Gesprächsrunden, die Mütter kämpften für Gleichberechtigung, und alle waren von der Bio-Welle erfasst. Das Spielzeug war pädagogisch wertvoll und aus Holz, die ersten Kuscheltiere hatte Oma genäht und die Kleidung war hergestellt aus natürlichen Materialien. Deswegen stiegen viele Eltern von herkömmlichen Einmalwindeln um auf Stoffwindeln. Die hatten einen entscheidenden Vorteil: Sie produzierten weniger Müll.

Die Stoffwindeln wickelten die Eltern ihren Kindern um den Unterleib, als Einlage nahm man Papier. Über den Windeln trug man Wollhosen, denn die nahmen den Geruch auf. Die Windel wurden in der Maschine gewaschen, die Wollhosen legte man zum Trocknen auf die Heizung. Wenn unsere Eltern uns dann die sauberen Hosen anzogen, waren sie noch ganz kuschelig warm vom Heizkörper. Die Stoffwindeln konnte man im Versandhandel kaufen. Oder von der Großmutter stricken lassen. Durch diesen Trend entwickelte sich eine neue Mode in den alternativen Kinder-Ratgebern: Strickmuster für Windeln.

Die Katastrophe von Tschernobyl

Tschernobyl – der Name der ukrainischen Stadt steht für die größte Katastrophe in der Geschichte der Kernenergie-Nutzung: Am 26. April 1986 kam es in dem ukrainischen Atomkraftwerk zur Kernschmelze. Eigentlich wollte die Reaktormannschaft nur überprüfen, ob der Generator genug Leistung produzierte, wenn die Stromversorgung ausfällt. Durch eine Kombination von verschiedenen Faktoren kommt es zum GAU. Der Reaktor-Block 4 explodiert. Durch die Detonation wird radioaktives Material in die Atmosphäre geschleudert, das weite Teile Russlands, Weißrusslands und der Ukraine verseucht. Die radioaktive Wolke zieht bis nach Mitteleuropa. Erst zehn Tage nach der Explosion ist der Brand am Reaktor unter Kontrolle. Damit er keine Radioaktivität mehr an die Umwelt abgeben kann, muss er abgedeckt werden. Bis heute ist die Region unbewohnbar und leiden die Menschen und die Natur unter den Spätfolgen.

Die 80er waren die Zeit des Punk. Doch davon wussten wir noch nichts.

Angst vor Strahlung

Die Erziehungsratgeber hatten unseren Eltern körperliche Nähe empfohlen – wunderbar, denn kuscheln gefiel uns in den ersten Monaten am meisten. Eine zweite wichtige Erkenntnis war: Kinder müssen nicht sofort sterben, wenn sie mit Dreck und Bakterien in Berührung kommen – im Gegenteil, das stärkt das Immunsystem. Doch als in unserem Geburtsjahr der Reaktor in Tschernobyl explodierte, wurden unsere toleranten Eltern vorsichtig. Jeden Morgen überprüften sie in den Tageszeitungen die Listen, die auswiesen, welche Milch und welches Obst wie viel Becquerel aufwiesen –

also was wie sehr verstrahlt war, und welche Nahrungshersteller die niedrigsten radioaktiven Werte enthielten. Frauen ließen die Muttermilch auf Strahlung testen. Frisches Obst und Gemüse in unserem Essen wurde rar. Selbst die Mütter, die am liebsten nur biologisch angebaute Nahrungsmittel für uns kochten, stiegen auf Alete und Hipp um. Im Supermarkt durchforsteten sie die Regale nach Gläsern, deren Inhalt vor dem 26. April, dem Datum des Reaktorunglücks, abgefüllt worden war.

Auch an die frische Luft durften wir in diesen Monaten seltener. In besonders belasteten Städten überprüfte das Bezirksamt Sandkästen auf ihre Strahlenwerte. Auch diese Messungen wurden in den Zeitungen veröffentlicht.

Hinter Gittern: Im eigenen Bett

Wir wussten nicht, warum unsere Eltern und Großeltern vor uns standen und Lieder sangen. Wir hatten keine Ahnung von Geburtstagen. Und doch: Die Aufmerksamkeit und die vielen Geschenke waren toll. Die Gäste überhäuften das Geburtstagskind mit Beißringen, Rasseln, Kuscheltieren und Mobiles – natürlich alles natürlich, also aus Holz und Wolle. Die Teddys, die zum Teil größer waren als wir selbst, legten uns die Eltern in das bunt gestrichene Gitterbett. Darüber hängten sie die Mobiles auf. Sonnen, Wolken, Sterne und Monde drehten sich im Kreis über unseren Gesichtern und sollten uns schläfrig machen. Dort lagen wir also, über unseren Köpfen drehten sich die

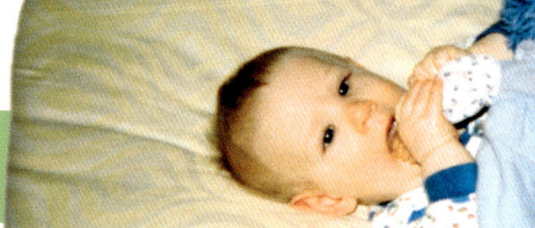

Immer dabei: Die Puppen und Kuscheltiere.

10

Gestirne und auf unseren Bäuchen prangten Bilder von Depeche Mode, Prince und Bob Marley. Den ersten Strampler hatten manche Eltern aus alten Band-T-Shirts genäht. Für den Musikgeschmack unserer Eltern konnten wir schließlich nichts.

Umweg zum Papierausweis

Big Brother war 1987. Zumindest dachten das damals viele Deutsche, als am 1. April neue Personalausweise eingeführt wurden. Das graue, in Berlin grüne Buch aus Papier und Pappe wurde durch eine von Maschinen lesbare Plastikkarte ersetzt. Wessen Ausweis in dieser Zeit ablief, der erhielt den neuen. Viele Deutsche fürchteten um ihre Daten und zögerten die Umstellung hinaus: Sie wuschen ihre Ausweise. Da das Papier nach dem Waschgang nicht mehr zu lesen war, beantragten sie Ersatz. Die Pässe nämlich, die eigentlich noch länger gültig gewesen wären, wurden für fünf Jahre verlängert – auf Papier. Der Trick sprach sich herum und immer mehr Pässe landeten in der Waschmaschine. Die Behörden wurden misstrauisch und

stellten bald auf gewaschene Pässe einen Ersatz mit nur vier Wochen Gültigkeit aus. Nach dieser Zeit drohte der Plastikausweis. Also suchten die Gegner des neuen Personalausweises nach einem weiteren Schlupfloch – und fanden eins. Doch dafür brauchten sie unsere Hilfe. Denn bei bemalten Ausweisen schöpfte die Meldestelle keinen Verdacht. Deshalb drückte man den Kindern einen Filzstift in die Hand und erlaubte, was sonst bestraft wurde: Malen, und zwar auf alles, was einem in den Weg kam. Unsere Eltern rannten mit dem kunstvoll verschönerten Ausweis auf die Passstelle und erhielten ein letztes Mal den Papierpass. Diese Aktion hat den maschinenlesbaren Ausweis zwar nicht verhindern können, aber wirkungslos war sie nicht.

Multitaskingfähig: Wir
taten alles auf einmal.

Sprachunterricht
für Eltern

Langsam spielten wir
und unsere Eltern uns
aufeinander ein. Mit
Tricks brachten sie uns
zum Essen. Wie ein kleines Flugzeug segelten die Löffel mit Kartoffel- und
Möhrenbrei vor dem Kindermund und die Eltern gurrten: „Ein Löffel für den
Papa, ein Löffel für die Mama, ..." Wir verstanden: Je schneller wir fertig
gegessen hatten, desto eher durften wir wieder herumkrabbeln und brabbeln.
Kaum Haare auf den Kopf, rutschten wir auf dem Boden entlang und steckten
uns alles in Greifweite in den Mund. Eine Spur der Spuckefäden markierte den
Weg und raubte Eltern die letzten Nerven.

Nachdem wir auch die Hürde des Gehens schmerzlich genommen hatten,
stand die Welt bereit, um erobert zu werden. Seitdem wir auf zwei Beinen im
Leben standen, hatte sich die Wohnung schlagartig vergrößert und wir kamen,

zwar tapsend, aber doch viel schneller voran. Alles, was nicht niet- und nagelfest war oder außer Reichweite, zersplitterte krachend auf dem Boden, flog durch die Wohnung, ging kaputt oder verschwand einfach spurlos.

Auch wenn die Verständigung zwischen Eltern und Kindern zuerst schwierig war, lernten sie doch bald unsere Sprache sprechen. Denn neben dem Gebrabbel verließen immer öfter selbst kreierte Begriffe die Münder. Mit einem selbst geschriebenen Wörterbuch mussten unsere Eltern jedoch unsere Mitteilungen erst dechiffrieren, bevor sie wussten, was wir ihnen zu sagen hatten.

Prominente 86er

6. Jan.	**Alex Turner**
	Sänger und Gitarrist der Band Arctic Monkeys
13. Jan.	**Josefine Preuß**
	deutsche Schauspielerin
14. März	**Jamie Bell**
	britischer Schauspieler
18. März:	**Lykke Li**
	schwedische Sängerin
27. März:	**Manuel Neuer**
	deutscher Fußballspieler
28. März:	**Lady Gaga**
	US-amerikanische Pop-Sängerin
13. Mai:	**Robert Pattinson**
	britischer Schauspieler
11. Juni:	**Shia LaBeouf**
	amerikanischer Schauspieler
13. Juni	**Mary Kate und Ashley Olsen**
	US-amerikanische Schauspielerinnen
25. Juli	**Barbara Meier**
	Germany's Next Topmodel
21. Aug.	**Usain Bolt**
	jamaikanischer Sprinter

Auch Jahrgang 86: Barbara Meier.

Fahrrad statt Drei-rad, Froschfinger statt Schwimmflügel

Deutsche Kultur: Besuch auf der anderen Seite der Mauer.

Keine Grenze mehr

Nicht nur wir wuchsen und wurden größer: Auch Deutschland vergrößerte sich. Die Mauer fiel, Ost und West rückten näher zusammen. Die Welt veränderte sich, doch wir bekamen davon noch nicht viel mit. Als dann im Oktober 1989, wir waren gerade einmal drei Jahre alt, die Mauer fiel, konnte es niemand so richtig fassen. Familien in Berlin feierten auf dem Alexanderplatz und sahen die Menschenmengen, die von beiden Seiten durch die Öffnungen der Mauer kletterten und sich in die Arme fielen. Die anderen saßen gebannt vor dem Fernseher und sahen das Ereignis, das später Geschichte schreiben sollte, auf dem Bildschirm.

Chronik

21. April 1989
In Japan kommt der erste Gameboy auf den Markt.

4. Juni 1989
Das chinesische Militär beendet den Volksaufstand auf dem Platz des Himmlischen Friedens in Peking (Tian'anmen-Platz) mit äußerster Brutalität.

9. November 1989
Die DDR öffnet die Grenzen zur BRD und die Mauer fällt nach 28 Jahren.

11. Februar 1990
Nelson Mandela wird in Südafrika aus der Haft entlassen.

19. Februar 1990
Die IRA bietet der britischen Regierung Waffenstillstandsverhandlungen an.

28. Juni 1990
Umweltminister aus 89 Nationen verpflichten sich, die Produktion des Ozon-Zerstörers FCKW zu stoppen.

8. Juli 1990
Bei der Fußball-WM in Italien gewinnt die deutsche Elf zum dritten Mal den Titel.

2. August 1990
Die zweite Golfkrise beginnt mit der gewaltsamen Eroberung Kuwaits durch den Irak.

3. Oktober 1990
Der Beitritt der DDR zur Bundesrepublik beendet die deutsche Teilung.

17. Januar 1991
Eine multinationale Streitmacht unter Führung der USA eröffnet mit Luftangriffen den Krieg gegen den Irak.

30. April 1991
In Zwickau läuft der letzte Trabant vom Band.

19. September 1991
Im Ötztal wird der Ötzi, eine etwa 5300 Jahre alte mumifizierte Leiche gefunden.

24. November 1991
Freddy Mercury, Sänger der Band „Queen", stirbt im Alter von 45 Jahren.

Angemalt: Auf Kinderfesten waren Schminktische die Attraktion.

Einstieg ins Berufsleben: der Kindergarten

Im Alter von drei bis vier Jahren nahmen wir die erste Hürde auf dem Weg ins Erwachsenenleben. So wie unsere Eltern jeden Morgen zur Arbeit gingen, sollten wir nun jeden Morgen in den Kindergarten gehen. Da immer häufiger das Modell Hausfrau dem Modell arbeitende Mutter wich, waren Kindergartenplätze knapp. Berufstätige Mütter, vor allem jene, die in Großstädten lebten, mussten sich früh um einen Platz kümmern. Die Auswahl war groß: Neben den städtischen und kirchlichen Kindergärten schossen alternative Betreuungsformen aus dem Boden. Es gab Kindergärten, die auf antiautoritäre Erziehung setzten und das Essen aus biologisch angebauten Lebensmitteln kochten. In den Großstädten gab es die Kinderläden. Hatten sich die Eltern für

Wolf im Schafspelz:
Schlafend sahen wir fast friedlich aus.

eine der Formen entschieden, hieß es, ihre Kinder von der Idee zu überzeugen. Was gar nicht so leicht war, denn viel lieber wollten wir weiterhin in den Tag hineinleben, zu Hause oder bei Freunden. Mit Geschenken versuchte man uns zu überzeugen: eine neue Regenjacke, eine Brotdose mit Comics, eine Trinkflaschen mit zwei Griffen und Strohhalm. Die waren sehr beliebt, weil sie uns erlaubten, eigenständig zu trinken.

Die Kindergärten waren weit weniger angsteinflößend, als wir uns vorgestellt hatten. Nette Erzieherinnen und ein Raum voller Möbel in unserer Größe: Tische, an die man gelangte, ohne klettern zu müssen, Stühle ohne lange Stelzenbeine.

Wir lernten im Zoo die Namen aller Tiere, bastelten mit bunten Scheren und Pritt-Stiften aus Tonpapier Geschenke für die Eltern, kochten gemeinsam Mittagessen, tranken wässrigen Hagebuttentee und jagten über Tische und Bänke. Wir hüpften auf roten Gummibällen mit Griffen, wir machten erste Fahrversuche im Bobby-Car. Wir lernten zählen durch die Würfel unserer liebsten Brettspiele: Mensch-ärgere-Dich-nicht und Malefiz hatten wir schon verstanden. Eigentlich alles ganz spaßig, bis auf die Mittagsruhe, bei der wir laut protestierten.

Bis zum Wiedersehen mit den Eltern am Nachmittag hatten sich erste Freundschaften gebildet. Und die neue Brotdose? Hatten wir in unserem Fach vergessen.

Der Eiserne Vorhang wird zur grünen Grenze

Die deutsche Wiedervereinigung markierte das Ende des Kalten Kriegs. Stück für Stück waren die Grenzen zwischen West- und Osteuropa abgebaut worden. Am 2. Mai 1989 begannen ungarische Soldaten, die Stacheldrahtzäune zu Österreich abzureißen. Der Eiserne Vorhang hatte ein Schlupfloch, durch das ab Juli immer mehr DDR-Bürger in die Bonner Botschaften in Budapest und Prag flüchteten. Am 11. September des Jahres ließ Ungarn die Flüchtlinge nach Österreich ausreisen. Binnen 24 Stunden flohen 10 000 über die grüne Grenze. In den folgenden Wochen suchten dort knapp 57 000 DDR-Bürger ihren Weg in den Westen. Zwei Tage nachdem die DDR den 40. Jahrestag der Staatsgründung beging, demonstrierten am 9. Oktober in Leipzig 70 000 Menschen unter dem Motto „Wir sind das Volk" für ein Ende der SED-Herrschaft. Einen Monat später, am 4. November, versammelte sich auf dem Ostberliner Alexanderplatz rund eine Million Menschen. Am 8. November trat

Erster Besuch an der offenen innerdeutschen Grenze.

das Politbüro der SED geschlossen zurück. Einen Tag später öffneten sich in Berlin die Schlagbäume. Menschen strömten freudetaumelnd über die Grenze, Fremde fielen einander in die Arme. Nach einer durchfeierten Nacht sagte der Bürgermeister von Berlin, Walter Momper: „Gestern Nacht war das deutsche Volk das glücklichste Volk auf der Welt." SPD-Ehrenvorsitzender Willy Brandt prägte am 10. November den Satz: „Jetzt wächst zusammen, was zusammengehört."

Auf der Suche nach Geschenken

Wenn Zimtgeruch in der Luft lag, wussten wir, dass bald wieder eine besondere Zeit bevorstand – Weihnachten! Nachts lagen wir vor Aufregung unruhig im Bett, tagsüber streunten wir durch die Wohnung und suchten unter Schränken, in Schubladen und Kisten nach den Geschenken. Am 24. Dezember durften wir das Wohnzimmer nicht mehr betreten, wo die Großeltern den Weihnachtsbaum geschmückt hatten. Erst wenn die Musik spielte, durften wir eintreten und die vielen Pakete bestaunen, die das Christkind mit Hilfe unserer

4. bis 6. Lebensjahr

Das erste Fahrzeug:
Unterwegs auf dem Roller ...

... auf dem Trecker ...

Eltern gebracht hatte. Die
Mädchen freuten sich über
Puppen wie Baby Doll, die
echte Tränen weinen konnte. Die Jungs spielten mit Duplo und
später mit den kleineren Lego- und Playmobilsteinen oder fuhren
mit ihren Modellautos auf Teppichen herum, auf die ein Straßen-
netz gedruckt war. Richtig Glück hatte man, wenn unter dem
Baum ein Fahrrad stand. Denn so viel stand fest: Bevor man
in die Schule kam, mussten diese kindischen Stützräder und
die Dreiräder dran glauben.

... oder auf dem Dreirad.

Rolf und seine Freunde

*Die Jahresuhr in Dauerschleife: Nicht
immer waren unsere Eltern glücklich über
unsere Leidenschaft für Rolf Zuckowski.
Der Sänger, der 1947 in Hamburg
geboren wurde, brachte Liederzyklen wie
„Die Jahresuhr" und die neue „Schulweg-
Hitparade" in unsere Kindheit. Er erhielt
den Schallplattenpreis Echo, den
Christophorus-Preis des Verkehrssicher-
heitsrates und 2005 das Verdienstkreuz*

*am Bande der Bundesrepublik Deutsch-
land. Rolf Zuckowski dichtete Ende der
80er-Jahre das Lied „In der Weihnachts-
bäckerei" und konzipierte Peter Maffays
Musical Tabaluga. 1994 startete Zuckowski das Plattenlabel „Musik für dich".
Unter dem Titel „Rolf und seine Freunde"
besang der Liedermacher gemeinsam
mit Kinderchören 38 Alben zwischen
1977 und 2007.*

Holprige Fahrversuche und Frösche mit Armen

Der Sommer nahte und mit ihm die Zeit zum Verreisen. Mit Sack und Pack und
der ganzen Familie ging es für manche im Flugzeug weit weg, für andere im
Wohnmobil in die Berge oder ans Meer. 1992 hatte in Paris Disneyland eröffnet,
der erste europäische Ableger des amerikanischen Comic-Freizeitlands. Wir
waren mit den Filmen groß geworden, hatten Arielle in ihre Unterwasserwelt
begleitet und dem Paar in „Die Schöne und das Biest" beim Verlieben zugese-
hen. Der Reisewunsch stand damit fest. Wer nicht das Glück hatte, Micky Maus
und Donald Duck, das Cinderella-Schloss und die Grinsekatze aus Alice im
Wunderland kennenzulernen, reiste mit Papa und Mama, Tante und Onkel und
den Cousins und Cousinen im Campingwagen oder Kombi in den Urlaub. In
Liegestühlen blätterten wir in der neuesten
Ausgabe von Disneys Lustigem Taschenbuch,
ließen uns die Zeichen in den Sprechblasen
vorlesen oder lasen sie selber – manche von
uns hatten im Kindergarten schon ein bisschen
lesen gelernt. Mit Schwimmflügeln und Reifen
um den Bauch ging es dann zum Planschen
ins Wasser. Meist waren es die Eltern, die
andere Pläne hatten. Sie nahmen uns die
aufblasbaren Schwimmhilfen weg, griffen uns
um die Taille und tauchten uns unter Wasser.

Beliebtes Hobby: Im Urlaub
ließen wir Drachen steigen.

19

Schwimmen lernen nannten sie es, während wir prusteten und protestierten. Skeptisch machten wir mit Armen und Beinen die Bewegungen von Fröschen nach, und nach vielen mühseligen Versuchen und viel verschlucktem Wasser trug es uns tatsächlich. Wir blieben über der Wasseroberfläche, wir schwammen.

Vor ähnliche Herausforderungen stellte man uns, als die Stützräder der Fahrräder entfernt wurden. Das Gleichgewicht halten zu müssen sorgte für ein ganz neues Fahrgefühl. Doch auch diese Hürde meisterten wir und radelten bald voller Stolz über die Bürgersteige.

Steiniger Weg: Fahrrad fahren war harte Arbeit.

Tuning für Anfänger

So, wie sie aus dem Geschäft kamen, wollten sich Kinder mit ihren Fahrrädern nicht sehen lassen. Da fehlte die persönliche Note. Knallbunte Klicker an den Speichen, Plastikbänder um die Radnabe, Flatterbänder am Lenkrad, Reflektoren in Tierform, eine enorm laute Tröte und am Gepäckträger ein langer Wimpel. Wer richtig sportlich war, hatte am Lenkrad einen Tacho. Dieser schwarze Plastikklotz wurde über eine Welle vom Vorderrad angetrieben. Die vollanaloge Armatur

zeigte die gefahrenen Kilometer an und auch unsere Geschwindigkeit. Vor lauter Geräten konnte man zwar das eigentliche Fahrrad kaum mehr erkennen, aber das war egal. So ausgestattet fuhr es sich schon weitaus stilsicherer.

Deutschland rückt zusammen

Am 18. März 1990 fanden die ersten und letzten freien Wahlen in der DDR statt. Mit 48 Prozent gewann die Allianz für Deutschland, ein Bündnis aus CDU, Deutscher Sozialer Union und Demokratischem Aufbruch. Gemeinsam mit der Ost-SPD wurde eine Koalition gebildet, die die Vereinigung der DDR mit der BRD vorbereitete. Kurz darauf wurde eine gemeinsame Wirtschafts-, Währungs- und Sozialunion unterzeichnet.

Am 1. Juli 1990 wurde die Deutsche Mark offizielles Zahlungsmittel der DDR. Der Einigungsvertrag, am 31. August 1990 unterzeichnet, regelte den Beitritt der DDR zur Bundesrepublik, die Wiedervereinigung. Am 3. Oktober dann feierten dies Hunderttausende vor dem Berliner Reichstag. Am 19. Oktober erklärten 34 Staats- und Regierungschefs die Spaltung Europas für überwunden.

Problemlösung Klettverschluss

Anziehen, das hatte man schon vor langer Zeit gelernt. Nur das mit den Schnürsenkeln fiel noch immer schwer. Immer wieder zeigten die Eltern an ihren Füßen, wie sie die Bänder fädelten. „Hasenohr, noch ein Tor ..." Die erste Schleife schafften wir noch mit Leichtigkeit. Dann mit dem anderen Senkel darum – zu viel für die kurzen Finger. Diejenigen, denen die Feinmotorik fehlte, behalfen sich mit Klettverschluss-Schuhen. Anfang der 90er-Jahre waren die der letzte Schrei. In Pink und Neongrün zierten sie die Füße. Keine Hasenohren und Fußballtore, einfach ritsch-ratsch und los.

Stilsicher: Unsere Kleidung war immer optimal gewählt.

4. bis 6. Lebensjahr

In Lebensgröße: Comic-Star Bugs Bunny.

Detektive sind am Werk

Mit leuchtenden Schuhen ging es dann zum Spielen. War das Wetter schlecht, vertrieben wir uns im Kinderzimmer die Zeit mit Spielen wie Uno und Halligalli, mit Puzzles und Gameboys. Oder wir schauten fern. Sehr beliebt waren nach wie vor und wie schon für Generationen von Kindern vor uns die Sendung mit der Maus, die Sesamstraße und Hallo Spencer. Neuer waren die Sendungen Löwenzahn und Tigerentenclub, eine Spielsendung für Kinder, die auch Janosch-Comics oder TKKG-Folgen zeigte. Die Serie um vier junge Detektive spornte auch uns an. Wir gaben uns Bandennamen und sprachen die Löffel-sprache, um unsere geheimen Nachrichten uner-kannt zu übermitteln. Um unsere Detektiv-Koffer komplett zu machen, warteten wir jede Woche wieder auf den Tag, an dem das neue Micky-Maus-Heft in den Kiosken lag. Denn außer den Comics, die wir mühsam entzifferten, gab es auch immer eine Bastelanleitung. Dort erklärte Micky Maus, wie man Verdächtige unauffällig beschattete oder Zauber-tinte anrührte. Mit Zitronensaft schrieben wir geheime Botschaften, die erst auf dem Papier erschienen, wenn man mit dem Bügeleisen darüberfuhr.

Bretter, die nicht die Welt bedeuten: Die erste Rolle übernahmen wir im Schultheater.

22

Fußball-WM 1990

Es war das erste WM-Finale, das durch einen Elfmeter entschieden wurde. Nach einem umstrittenen Foul an Rudi Völler verwandelte Andreas Brehme und schoss das 1:0 gegen Argentinien. Deutschland wurde in Italien zum dritten Mal Weltmeister.

Die finale Aufstellung der Fußball-Nationalelf am 8. Juli 1990:
Bodo Ilgner, Klaus Augenthaler, Thomas Berthold, Jürgen Kohler, Guido Buchwald, Andreas Brehme, Thomas Häßler, Lothar Matthäus, Pierre Littbarski, Jürgen Klinsmann, Rudi Völler

Unterricht im richtigen Verhalten: Manieren hatten wir. Nur der Tischnachbar musste aufpassen.

Kasperle und Bum-Bum

Unsere Ernährung ließ sich zu einer einfachen Formel zusammenfassen: Je ungesünder, desto besser. Wir liebten Süßigkeiten, und wann immer wir am Esstisch saßen, quälten wir uns durch das Hauptgericht zum Nachtisch. Kunstvoll formten wir Vulkane und Lavaströme aus Kartoffelbrei und Soße und geometrische Muster aus Erbsen auf dem Teller. Unsere besonnene Esskultur änderte sich schlagartig, wenn wir ein Eis in der Hand hielten – da galt es, schnell zu essen, bevor das Eis tropfte, die Waffeln matschig wurden oder ein Erwachsener ein Riesenstück von dem Eis abbiss, dessen Ende wir so genüsslich herausgezögert hatten. Apropos Eis: Vom Angebot erschlagen, verbrachten wir im Supermarkt die meiste Zeit vor dem Kühlregal. In die engere Auswahl fielen nicht wenige Produkte und allen war der Spielfaktor gemein. Ed von Schleck, das Eis im Zylinder, Bum-Bum mit dem Kaugummi-Stiel, Calippo in der Papphülle, Nogger Choc, dessen Produktion erst eingestellt und später wieder aufgenommen wurde. Erst aß man die Schoko-Nuss-Hülle, dann wurde das Vanille-Eis weggeleckt, bevor nur der Schokokern übrig war. Wenn nicht zuvor ein Erwachsener schon zugebissen hatte.

Besuch in der Vergangenheit

Ein Besuch bei den Großeltern war immer auch eine Zeitreise. Nicht nur, weil der Großvater zu jeder Gelegenheit seine Fotoalben aus dem Regal zog und uns zeigte, was für ein schöner Junge er in unserem Alter gewesen sei. Die ganze Einrichtung der großelterlichen Wohnung war beinahe unberührt von jeglicher Moderne. Eierkocher und Brotschneidemaschinen standen auf der Arbeitsfläche der Küche, im Regal lag eine Medikamentendose mit beschrifteten Fächern für jeden Wochentag. Das Badezimmer war ein Traum aus 60er-Jahre-Farben: beige Kacheln, eierschalenweiße Armaturen und wahlweise braune oder giftgrüne Schranktüren mit Chromgriffen.

Zu der Zeit, als unsere Großeltern ihr eigenes Haus bezogen hatten, schien es zum guten Ton zu gehören, einen Plüschbezug auf den Toilettendeckel zu ziehen. Der Sinn erschloss sich uns erst beim Zähneputzen. Denn wenn man sich dabei auf den beplüschten Klodeckel setzte, wurde der Po nicht kalt. Gleiches galt für die Füße, die wir auf dem farblich passenden Klovorleger wärmten.

Bei Oma und Opa war es plüschig kuschelig und die Suppe schmeckte doppelt so gut.

Vorne kurz und hinten Zopf

Zugegeben, Mädchen hatten es leichter, mit ihrer Frisur richtig zu liegen. Mit Pony, Zöpfen und Seiten- oder Mittelscheitel hatten sie viele Möglichkeiten. Rückblickend betrachtet waren Jungs in den ersten Schuljahren stilistisch eindeutig schwerer zu beraten. Das führte oft dazu, dass ihre Eltern ihnen mit

dem Langhaarschneider die Haare auf zehn Millimeter einmal rund um den Kopf abrasierten. Irgendwann setzte sich durch, Jungs im Nacken eine Haarsträhne stehen zu lassen. Der Jungs-Zopf entstand wohl in Anlehnung an ihre Fußballer-Idole, die Anfang der 90er-Jahre noch immer den Vokuhila, also vorne kurz hinten lang, mit Stolz trugen. Die Zeit heilt viele Wunden. Stilistische Fehlgriffe glücklicherweise auch.

Was wollt ihr dann?

Schon lange hatten die Werbeagenturen Kinder als Zielgruppe erschlossen. Die auf uns ausgerichteten Spots hatten oft Kinder in den Hauptrollen und eingängige Slogans, die bald ihren Weg in unseren Sprachgebrauch fanden. So antwortete man auf die Frage: „Was willst du dann?" nur noch mit „Maoam!". Und wer einen Fruchtzwerge-Jogurt wollte, erinnerte sich an den Spot, in dem ein Kind keinen seiner Fruchtzwerge abgeben möchte und deshalb laut durchs Haus ruft: „Will wer etwas Gutes aus Milch? Mit Vitaminen?" Worauf keines der anderen Kinder reagiert. Dann fragt es, leiser: „Fruchtzwerge?" Und freut sich, dass keines der Geschwister seine Vitamine teilen will. Der Spot brannte sich ins kollektive Gedächtnis ein und Fruchtzwerge hieß fortan nur noch etwas „Gutes aus Milch". Doch nicht nur Lebensmittelwerbung zündete bei uns. Auf die Frage, ob ein Kleidungsstück neu sei, kam prompt die Antwort: „Nein, mit Perwoll gewaschen."

Schule: Mühsame Station auf dem Weg zum Traumberuf

Der Weg ins Showbusiness

Das Fernsehen prägte unsere Kindheit. Und wer keinen Fernseher hatte, verbrachte so viel Freizeit wie möglich bei Freunden, die einen hatten. Dort guckten wir stundenlang die Schlümpfe, die Turtles, He-Man und She-Ra. Mindestens genauso beliebt war die Mini-Playback-Show. Dort traten Kinder in unserem Alter auf, die mit Freunden oder allein ihre Lieblingslieder aufführten. Die Moderatorin Marijke Amado schickte die Nachwuchsartisten in die Zauber-kugel, aus der die Kinder in den schönsten Kostümen herauskamen. Ja, da wollten wir auch mal hin. Wir wollten Sänger werden und Schauspieler, Feuer-wehrmann und Lokomotivführer. Doch bis wir unsere Traumberufe ergreifen konnten, mussten wir ein großes Übel auf uns nehmen: Wir mussten in die Schule. Einen letzten unbeschwerten Sommer verbrachten wir mit unseren

Chronik

30. August 1992
Der Formel-1-Pilot Michael Schumacher gewinnt seinen ersten Grand Prix.

1. Januar 1993
Mit der Proklamation der Tschechischen und der Slowakischen Föderativen Republik teilt sich die Tschechoslowakei.

2. Dezember 1993
In Kolumbien stellt die Polizei den meistgesuchten Drogenboss, Pablo Escobar, und tötet ihn.

8. April 1994
Der 27-jährige Kurt Cobain, Sänger der Band Nirvana, erschießt sich in Seattle.

6. Mai 1994
Der Eurotunnel unter dem Ärmelkanal wird eröffnet.

9. Mai 1994
Der ANC-Vorsitzende Nelson Mandela wird Präsident Südafrikas.

28. September 1994
Auf der Ostsee sterben 918 Menschen, als die Fähre Estonia sinkt.

17. Januar 1995
Das in Japan stärkste Erdbeben seit 1923 verwüstet die Städte Kobe und Osaka.

26. März 1995
Mit Inkrafttreten des Schengener Abkommens enden die Grenzkontrollen zwischen sieben EU-Staaten.

23. Juni 1995
Die Verhüllung des Berliner Reichtages durch Christo ist das Kunstspektakel des Jahres.

24. August 1995
Microsoft beginnt mit dem Verkauf des Betriebssystems Windows 95.

4. November 1995
Israels Ministerpräsident Yitzhak Rabin wird in Tel Aviv von einem jüdischen Extremisten ermordet. Er hatte den Aussöhnungsprozess mit den Palästinensern eingeleitet.

Kindergartenfreunden, bevor es hieß, Abschied zu nehmen, denn viele Wege trennten sich mit dem Einstieg ins Schulleben.

Die Einschulung: Richtig freuen konnte sich niemand.

Einstieg in die 20-Stunden-Woche

Dreimal waren unsere Eltern mit uns den Weg gegangen. Zur Straße, links gucken, rechts gucken und noch einmal links. Erst gehen, wenn alles frei ist, prägten sie uns ein. Nachdem sie uns jahrelang in den Kindergarten gebracht hatten, schickten unsere Eltern uns nun allein auf den Weg zur Schule. Doch wir hatten eine Generalprobe:

Am Einschulungstag begleiteten sie uns noch. Den nagelneuen Scout-Ranzen auf dem Rücken, die Schultüte in den Armen, Federmäppchen mit Lamy-Füller und Schreibheft im Gepäck. Auf dem Weg zur Schule freuten wir uns auf die Süßigkeiten, Malhefte, Stifte und Radiergummis. Aber erst mal hieß es: Lehrerin und Mitschüler kennenlernen. An einem Samstag, an dem noch nicht einmal unsere Eltern arbeiten mussten. Wir wurden in die Klassen 1a, 1b und 1c eingeteilt. Begrüßt wurden wir von der Klassenlehrerin, die uns fortan durch die Grundschulzeit führen sollte. Ab nun lernten wir, stillzusitzen und nur in den Pausen zu spielen. Wir lernten, was Hausaufgaben sind, die wir uns jeden Tag ins Hausaufgabenheft schrieben. Wir freuten uns über Bienchenaufkleber, wenn wir etwas richtig gemacht hatten. Wofür wir, die künftigen Sänger und Feuerwehrmänner, das brauchten, leuchtete uns zwar nicht ein. Trotzdem freuten wir uns, unsere Lieblingsbücher wie die kleine Raupe Nimmersatt und die Janosch-Geschichten vom kleinen Tiger und dem kleinen Bären bald alleine lesen zu können.

Aber auf den Ranzen und die Schultüte waren wir stolz.

Rasselbande in brav: Fürs erste Klassenfoto wurden wir ordentlich zurechtgemacht.

Grundschule: Der Anfang künftiger Karrieren

Wieder hatten Eltern vor einer schweren Entscheidung gestanden. Denn auch bei den Schulen gab es zahlreiche Wahlmöglichkeiten. Es gab städtische, kirchliche oder private Schulen, Waldorf- und Reformschulen. Noch dazu waren die Unterschiede zwischen den Bundesländern enorm, was Umzüge erschwerte. Manche Schulen ließen ihre Schüler mit Bleistiften schreiben, andere lehrten das Schreiben mit Füllern. Manche schrieben Blockbuchstaben, andere Schreibschrift. Die Eltern taten sich schwer mit der Entscheidung, denn viele glaubten, die Schule stelle die Weichen in das spätere Berufsleben ihres Kindes. Was uns erst mal nicht weiter interessierte.

Fasching in der Schule:
Bei den Kostümen …

Die Gefahr lauert an der Kreuzung

Im Klassenraum fanden wir bald neue Freunde, neben denen wir im Unterricht saßen und mit denen wir auf dem Schulhof spielten. Zusammen meisterten wir auch den Schulweg – der neben dem Straßenverkehr mit ganz anderen Gefahren überraschte: den Schülerlotsen. Viertklässler mussten oft die Dienste übernehmen, mussten morgens früher aufstehen, um uns Knirpse in Warnwesten und mit Kellen in der Hand über die große Kreuzung zu lotsen. Den Ärger

... gaben wir uns viel Mühe.

über diese Aufgabe ließen sie an den Jüngeren aus. Mit Sätzen wie „Hast du Zement in den Schuhen?" rissen sie uns aus verschlafenen Träumereien an der Straßenecke. Verschreckt rannten wir los und hofften, bald groß genug zu sein, um uns gegen die Viertklässler zur Wehr zu setzen.

Mehr Spaß machte der Schulweg zur Karnevalszeit: Eins der wichtigsten Feste im Schulkalender! Wochen vorher hatten unsere Eltern die Kostüme gekauft und genäht, wir halfen dabei, die Aula festlich mit Luftschlangen, Luftballons, Konfetti und Girlanden zu schmücken. Als Cowboys, Prinzessinnen, Hexen und Bettler traten wir auf, wild geschminkt, spielten Reise nach Jerusalem und Blindekuh, und zogen als Polonaise durch die Halle.

Ruck, zuck, Donald Duck …

… Micky Maus, rein und raus! Wir hatten jede Menge Abzählreime, um uns während der großen Pausen auf dem Schulhof die Zeit zu vertreiben: „Bei Müllers hat's gebrannt, brannt, brannt, da bin ich weggerannt, rannt, rannt" und „Em Pom Pie Kolonie Kolonastik, Em Pom Pie Kolonie, Akademi, Safari, Akademi puffpuff!". Während sich die Mädchen mit Gummihops, Fadenspielen und Hula-Hoop-Reifen vergnügten, spielten die Jungs Fußball oder sprachen in ihre Armbanduhren, wie sie es aus der Fernsehserie Knight Rider kannten.

Bei schlechtem Wetter ließ man sich in den Klassenräumen etwas einfallen. Da kamen die Stickeralben ins Spiel. Jeder hatte so ein Aufkleberheft im Schulranzen. Comicfiguren, Musiker, Tierbilder, Fußballer. In normal, mit Glitzer, aus samtigem Stoff oder sogar in 3D. Der Klassenraum wurde zum Marktplatz, Gebote überschlugen sich, und schon hier zeigte sich, wer später im Berufsleben die besseren Verhandlungen führen würde.

Die Simpsons

Gelbe Haut und nur vier Finger: Die Simpsons veränderten unseren Sinn für Humor. Am 17. Dezember 1989 erlebte die gelbe Familie aus Springfield im amerikanischen Fernsehen ihr erstes Abenteuer. Bis 2007 „Die Simpsons – Der Film" in die Kinos kam, waren schon über 400 Folgen der Emmy-ausgezeichneten Trickserie von Matt Groening ausgestrahlt. Die Kinder lachten über den tollpatschigen Homer, die gutmütige Marge, den frechen Bart, die intelligente Lisa und die süße, stumme Maggie. Die Erwachsenen schmunzelten über die Zynik und Bösartigkeit, mit der Erschaffer Matt Groening die amerikanische Alltagskultur karikiert. Anspielungen auf Filmklassiker durchziehen jede Folge. Die Simpsons haben jeden erreicht.

Das gute Geschäft mit der Kirche

Es war während des ersten Schuljahres, als manche von uns merkten, dass sie anders waren. Einige Kinder aus unserer Klasse hatten von ihren Eltern neue Kleider und schicke Anzüge bekommen. Sie waren aufgeregt, und um sie wehte ein Wind der Veränderung: Die Kommunion stand an. Das bedeutete vor allem eins, erklärten sie uns: viele Geschenke und Geld von den Verwandten. Die evangelischen Kinder konnten sich immerhin auf die Konfirmation freuen. Die Kinder, die nicht getauft waren, hatten keine Aussicht auf einen Geschenkeregen. Manche der Eltern hatten ihre eigene religiöse Erziehung nicht an ihren Kindern wiederholen wollen und sie nicht taufen lassen. Sie erklärten dem Nachwuchs, dass man selber wählen dürfe, ob man religiös und vor allem: in welcher Religion man leben wollte. Sie erzählten uns von Protestanten und Katholiken, von Buddhisten und Muslimen. Uns interessierte weniger die religiöse Erziehung, viel mehr sehnten wir uns nach vielen Geschenken und neuer Kleidung. Viele Kinder entschieden, sich erst mal nicht zu entscheiden und verzichteten auf die Kirche in ihrem Leben. Die von uns, die in den neuen Bundesländern aufgewachsen waren, hatten Glück: Dort gab es die Tradition der Jugendweihe – ein Initiationsfest für nicht religiöse Kinder, und ein Fest mit jeder Menge Geschenken.

Indianer kennen keinen Schmerz

Wir hatten im ersten Schuljahr so viel gelernt: ganze 26 Buchstaben und vier Rechenzeichen. Wir hatten gelernt, wie

man schreibt, und wie man Geschriebenes wieder löschte, mit Ratzefummel und Killer. Wir hatten gelernt, dass der Schulweg nicht der richtige Zeitpunkt zum Versteckenspielen war, wenn wir pünktlich sein wollten. Und wir hatten gelernt, und das war schmerzlich, dass uns nach der Schule noch mehr Arbeit erwartete: die Hausaufgaben. Hatte man die ordentlich und sauber ins Schulheft geschrieben, durfte man endlich raus zu den Freunden. Auf dem Fahrrad tourten wir um die Häuser, gingen ins Freibad planschen, schnallten uns Rollschuhe und Schlittschuhe unter die Füße. Und fielen hin. Nochmal und nochmal. Wir schürften uns Knie auf, schlugen uns den Kopf an und verbrauchten Familienpackungen an Pflastern in einem Monat, am liebsten mit bunten Motiven.

Hex, hex!

Nicht nur im Fernsehen traten unsere Helden auf – wir verfolgten ihre Abenteuer ebenso gern als Hörspielkassette: Wir konnten mitsprechen, wenn die kleine Hexe Bibi Blocksberg ihren Besen verzauberte mit den Worten „Eene meene mei, flieg los, Kartoffelbrei. Hex, hex!" Und wir wussten genauso, dass es Zeit für unseren liebsten Elefanten war, wenn es hieß: „Benjamin, du lieber Elefant, kannst sprechen und bist überall bekannt." Andere beliebte Hörspiele waren TKKG und die drei Fragezeichen „???". Regina Regenbogen begeisterte uns ebenso wie die Fünf Freunde. Und auch unsere liebsten Kinderbücher wie Jim Knopf oder die Unendliche Geschichte hatten wir auf MC.

Generation Fast Food:
Burger essen im Schnellrestaurant.

Hauptsache fettig

Unsere ersten Partyerfahrungen sammelten wir auf Geburtstagsfeiern. Programmpunkte: Spielen und Essen. Oft überschnitt sich das auch, wie wenn wir mit verbundenen Händen mit dem Mund einen Apfel aus einer mit Wasser gefüllten Schüssel angeln mussten. Für ein anderes Essensspiel hatten wir Schal, Mütze und Handschuhe mitgebracht. Wer eine Sechs würfelte, musste die Wintermontur anziehen und mit Messer und Gabel eine Tafel Schokolade erst aus dem Zeitungspapier auswickeln und dann schneiden, um sie dann zu essen, bevor der Nächste in der Runde eine Sechs gewürfelt hatte. Häufig war das kaum zu schaffen, weshalb wir umso glücklicher über die Hauptspeise waren. Burger, Pommes und Eis: Das war unser liebstes Drei-Gänge-Menü. Bergeweise hatten die Eltern des Geburtstagskinds Burgerbrötchen aufgeschnitten, Tomatenscheiben, eingelegte Gurken, gebratenes Hackfleisch, Röstzwiebeln,

Wie Mama: Wir backen nicht, wir naschen!

Ketchup und Senf bereitgelegt. Dazu gab es Backbleche voll Pommes und Eis zum Nachtisch. Wir schlugen uns die Bäuche voll, bis uns schlecht wurde. Erst mal waren wir vom Fast Food geheilt. Das hielt genau so lange, bis wir beim nächsten Stadtbummel wieder an einem Fast-Food-Restaurant vorbeischlenderten.

VIVA

Schon 1981 war der erste Musiksender, MTV, auf Sendung gegangen. Die meisten Moderationen wurden auf Englisch gesendet. 1993 zog der deutsche Markt nach: Viva ging auf Sendung. Das erste Video war von den Fantastischen Vier mit „Zu geil für diese Welt". Zwei Jahre später folgte Viva Zwei. Das Programm des Ablegers war von alternativer Musik bestimmt. Viva Zwei wurde 2002 umbenannt in Viva Plus und seitdem auf ein ertragreicheres Programm umgestellt. 2007 dann wurde der Sender komplett eingestellt. Viva blieb. Das Programm besteht aus Unterhaltungssendungen, Musik-Specials und Musikclips, auch wenn später zynisch behauptet wurde, VIVA würde nur Klingeltonwerbung senden.

Die ersten Gesichter des deutschen Musiksenders waren die Moderatoren Mola Adebisi, Rocco Clein, Daisy Dee, Heike Makatsch, Stefan Raab und Tobias Schlegel auf Viva. Bei Viva Zwei moderierten Markus Kavka, Niels Ruf, Ill-Young Kim und Charlotte Roche.

Mit den Gameboys verbrachten wir ganze Nachmittage.

Auch Lesen war ein beliebtes Hobby: Wir schmökerten, wo niemand störte.

Blondinen und Superhelden

Egal, wie sehr sich manche Mütter dagegen wehrten: Um eine Barbie kam man schwer herum. Viele Mädchen wollten sie haben: Mit Wespentaille und großem Busen, mit pinkfarbenen Rüschenkleidern, blauem Lidschatten und blonden Haaren. Immer neue Geschichten ließen sich die Mädchen einfallen und spielten sie mit Barbie und Ken nach. Wenn man sich an der Puppe sattgesehen hatte, musste sie ihr Aussehen verändern: Nagellack auf die Füße und Zöpfe in die blonde Mähne. Manche schnitten ihrer Puppe die Haare gleich ganz zur Kurzhaarfrisur ab. Genau so gern zockten wir auf dem Gameboy. Das mit Abstand beliebteste Spiel war Super-Mario. Jeder Gameboybesitzer hatte die Welt des kleinen Superhelden so oft durchquert, dass er das Spiel selbst dann noch spielen konnte, als der Bildschirm des Gameboys durch Stürze den Geist aufgab. Auch ohne hinzugucken wusste man, wo Abgründe zu überspringen und Geheimgänge mit Bonuspunkten zu finden waren.

In allen vier Ecken
soll Liebe drin stecken

Nicht nur durch die Hörspiele wussten wir, wie wichtig Freunde im Leben sind. Deshalb hielten wir jede Freundschaft in unseren Freundschaftsbüchern fest. In Fragebögen quetschten wir aus jedem in der Klasse das letzte Geheimnis heraus: Was ist dein Lieblingsessen? Lieblingsfarbe? Berufswunsch? In Poesiealben schworen wir uns ewige Freundschaft mit Sätzen wie „In allen vier Ecken muss Liebe drin stecken" und „Rosen, Tulpen, Nelken, alle Blumen welken, nur die eine nicht, und sie heißt

Poesiealben: Freundschafts-beweise schwarz auf weiß.

Vergissmeinnicht." Je mehr Seiten im Album gefüllt waren, desto beliebter war man. Und Beliebtheit war ein ebenso wichtiges Thema. Denn je beliebter man war, desto häufiger wurde man zu Kindergeburtstagen eingeladen. Und die waren die Höhepunkte unserer Wochenenden.

Mütter als Fahrdienst

Mit der Zeit füllte sich eine Sparte in den Freundschafts-büchern immer schneller: Hobbys. Ballett, Fußball, Klavierunterricht, Zeichen-stunde und Tennisunterricht:

Grazil: Ballett war das Hobby vieler Mädchen.

Wir streckten unsere Fühler aus. Zwischen Schule und Hausaufgaben blieb nicht viel Zeit, von einer Ecke der Stadt in die andere mit der Straßenbahn zu fahren. Wieder einmal mussten die Eltern herhalten. Sie starteten eine zweite Karriere als Fahrdienst und kutschierten ihre Kinder quer durch die Stadt. Neben ihrem eigenen Terminplaner hing nun ein zweiter Kalender über dem Küchentisch, auf dem die vielen Termine ihrer acht- und neunjährigen Kinder die Spalten füllten. Wir ließen es uns gefallen: Im Auto konnten wir uns auf dem Weg von der einen Verabredung zur anderen entspannen.

Die Ikone des Grunge

Er sollte das Idol einer ganzen Generation werden, doch wir lernten Kurt Cobain und Nirvana erst später kennen. 1987 hatte sich die Band aus Cobain, Dave Grohl und Kris Novoselic formiert, die bis zum Tod des Sängers vier Alben aufnahm. Nirvana prägte eine neue Jugendkultur – den Grunge, der Anfang der 90er-Jahre Musik, Mode und Lebenseinstellung stark beeinflusste. 1991, im Jahr der Veröffentlichung der kommerziell erfolgreichsten Platte „Nevermind", war Cobain bereits heroinabhängig und litt unter starken Magenproblemen. Diese wurden so unerträglich, dass die im März 1994 begonnene In-Utero-Tour abgebrochen werden musste. Zwei Tage später wurde Cobain – im Koma liegend – in ein Krankenhaus eingeliefert. Er hatte sich mit Beruhigungsmitteln umbringen wollen, sagten die Ärzte. Cobain widersprach dieser Aussage kurze Zeit später. Am 5. April starb der 27-Jährige in seinem Haus in Seattle. Er wurde mit einem Schrotflintenschuss in den Kopf gefunden. In seinem Körper wurde eine dreifache Überdosis Heroin gemessen. Er hinterließ einen Abschiedsbrief, der mit dem Zitat eines Liedes von Neil Young endete: „It's better to burn out than fade away".

Kurt Cobain

CD, TV und PC: Aus Kindern werden Technikprofis

Spielzeug ade: Allmählich verabschiedeten wir uns von unseren Spielsachen.

Backstreet Boys statt Rolf Zuckowski

In der vierten Klasse hieß es für viele Abschied nehmen von guten Freunden. Bis zum Ende des Jahres entschied sich, welche Schule wir danach besuchen sollten, und ob der Lehrer uns für ein Gymnasium empfahl oder eine Real- oder Hauptschule als den besseren Platz für uns hielt. Mit Ehrfurcht und Vorfreude gingen wir in die Sommerferien.

Auf der anderen Seite der Sommerferien kamen wir verändert an. Wir standen in einer neuen Schule mit neuen Lehrern, neuen Fächern und einem Stundenplan, der viel weniger Zeit ließ. Und wir steckten irgendwo dazwischen.

Chronik

26. April 1996
Mit der Freilassung des Multimillionärs Jan Philipp Reemtsma nach 33-tägiger Geiselhaft endet einer der spektakulärsten Entführungsfälle in Deutschland.

1. Januar 1997
Kofi Annan tritt sein Amt als neuer UNO-Generalsekretär in New York an.

23. Februar 1997
In Schottland wird mit dem Schaf Dolly erstmals ein erwachsenes Säugetier geklont.

1. Juli 1997
Um Mitternacht gibt Großbritannien seine bisherige Kronkolonie Hongkong nach 156 Jahren an China zurück.

31. August 1997
Bei einem Autounfall verunglückt die britische Prinzessin Diana tödlich.

3. Juni 1998
Beim schwersten Zugunglück der Geschichte der BRD kommen im niedersächsischen Eschede 101 Menschen ums Leben.

17. August 1998
Der US-Präsident Bill Clinton gibt ein Verhältnis mit seiner Ex-Praktikantin Monica Lewinsky zu. Die Affäre bringt ihn an den Rand des politischen Absturzes.

27. September 1998
Aus den Bundestagswahlen gehen SPD und Bündnis 90/Grüne als Sieger hervor. Nach 16 Jahren Amtszeit muss Helmut Kohl seinen Platz als Bundeskanzler an Gerhard Schröder abgeben.

1. Januar 1999
In elf Ländern der EU wird der Euro als gemeinsame Währung eingeführt. Als Bargeld lösen Euro und Cent die jeweiligen Landeswährungen erst im Jahr 2002 endgültig ab.

24. März 1999
Kosovokrieg: Die Nato beginnt Luftangriffe auf die im Kosovo stationierten serbischen Truppen.

30. November 1999
Altkanzler Helmut Kohl räumt die Existenz schwarzer Konten während seiner Zeit als CDU-Parteichef ein.

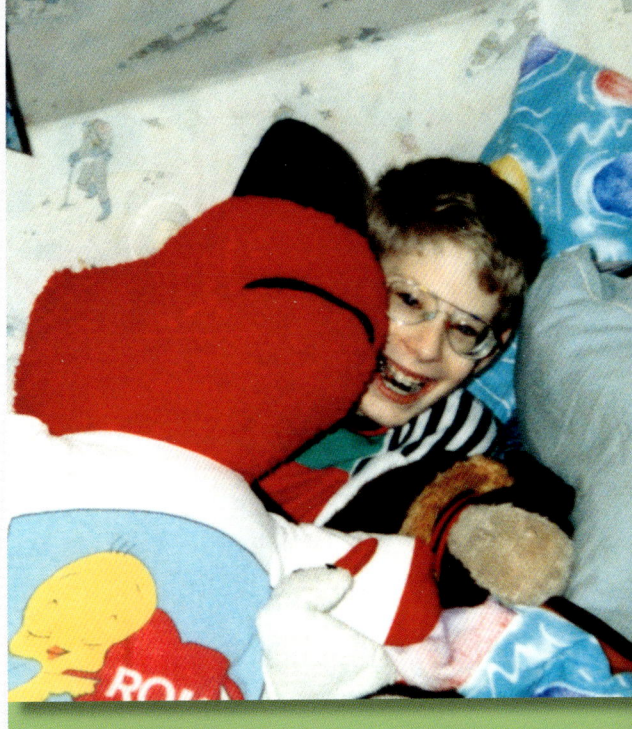

Geblitzt: Verstecken hilft nichts, die Zahnspange blitzt trotzdem hervor.

Zu alt, um uns noch als Kind zu fühlen, zu jung, um sich als Jugendlicher zu identifizieren. Nach und nach griffen die Veränderungen um sich. Wir tauschten den Walkman gegen den Discman, die Rolf-Zuckowski-Kassette gegen eine CD der Backstreet Boys. Auch unsere Körper veränderten sich. Bei den Ersten blitzten die Zahnspangen beim Lächeln. Manche Mädchen trugen BH, obwohl das noch kaum nötig war. Nach und nach wuchs immer mehr Jungs ein Flaum, den sie stolz auf der Oberlippe trugen. Unsere Gefühle spielten manchmal verrückt und wir fühlten uns von der Welt unverstanden. Umso wichtiger war es, schnell neue Freunde zu finden. In Cliquen fanden wir uns zusammen und stellten uns als Grüppchen auf den Schulhof – eingeschworen gegen den Rest der Welt.

Fünf Lieder für zehn Mark

Die CD verdrängte die Kassette vom Markt, und bald ging unser sämtliches Taschengeld für Musik drauf. Für 29,90 DM gab es im Plattenladen die Scheiben der Stars. Doch zu der Zeit wussten wir Heranwachsenden ein durchkomponiertes Album nur wenig zu schätzen. Die Musiksender hatten unseren Geschmack geprägt – wir wollten nur die Hits hören, weshalb Sampler wie Bravo-Hits sehr beliebt waren. Oder man steckte das Geld nicht in Alben, sondern in Maxi-CDs. Die Plastikhüllen waren dünner als die der Alben, und auf der CD waren – auch wenn daher wohl kaum der Name kam – maximal fünf Lieder drauf. Die Maxis kosteten 9,90 DM das Stück und stapelten sich in den Regalen – jedoch nie lange. Auf allen Frequenzen dudelte das Lied den ganzen Tag rauf und runter. Sobald es nicht mehr zu ertragen war, verschwand die Maxi wieder aus dem CD-Regal. Und machte Platz für den nächsten Top-Hit.

Donnerstag ist BRAVO-Tag

Kaum konnten wir die Donnerstage erwarten, wenn die neue BRAVO in den Kiosken lag. Jedes Bild unserer Lieblingsband wurde ausgeschnitten und in einer Klarsichtfolie abgeheftet. Auf dem Schulhof entstand ein neuer Tauschmarkt: Caught in the Act gegen Backstreet Boys, N*Sync gegen World's Apart, Spice Girls gegen Tic Tac Toe. Unsere Eltern konnten unsere Geschmacksverwirrung einfach nicht verstehen, lachten über Poster und bedruckte Kopfkissen und noch viel mehr, wenn wir die Texte mitsangen. Denn Englisch lernten wir erst seit der fünften Klasse. Unser Vokabelschatz war zu klein, um die Texte der Bands zu verstehen. So dichteten wir hinzu, was wir meinten, verstanden zu haben. Auch wenn es die BRAVO schon seit 1956 gab, war sie für uns alles andere als altmodisch. Die ersten Schmetterlinge im Bauch, der erste Kuss, die erste Eifersucht: Sie half uns in jeder Situation. Das Doktor-Sommer-Team erklärte uns unsere Körper, in den Foto-Lovestorys fanden wir unseren Liebeskummer wieder, und auf der letzten Seite lasen wir die Texte unserer liebsten Songs nach – auf deutsch und englisch. Und plötzlich lernten wir freiwillig englische Vokabeln, denn BRAVO prägte unsere Sprache. Auch wenn wir nicht verstanden, was Petting war und was eine Gang machte – die Worte hatten wir parat.

Die erste Droge: Seifenopern

Technik wurde immer günstiger, sodass in immer mehr Jugendzimmern kleine Fernseher standen. Es war das Ende gemeinsamer Fernsehabende mit der Familie. Zu unterschiedlich war der Geschmack: Während die Eltern im Wohn-zimmer Nachrichten und den Tatort guckten, flimmerten über unsere Bildschirme Serien. Beverly Hills 90210 und Melrose Place gaben uns einen Einblick in die tiefschürfenden Probleme reicher amerikanischer Jugendlicher. Gute Zeiten, Schlechte Zeiten (GZSZ) arbeitete dieses Konzept in Deutsch auf. Außerdem gab es noch Unter uns, Verbotene Liebe, Marienhof und die Linden-straße. Die Soaps hatten hohen Suchtfaktor, und auch wenn es bald niemand mehr zugeben wollte, schafften es die Produktionsfirmen in ganz Deutschland, Schüler vor die Fernsehbildschirme zu bannen.

Gruppenbild der „Beverly Hills 90210"-Darsteller.

Disco vor dem Fernseher

Ein Fernseher war nicht alles – wichtig war auch der Videorekorder. Dutzende leere VHS kauften wir, um dann VIVA einzuschalten und mit dem Finger auf dem Record-Knopf vor dem Bildschirm zu hocken. Sobald wir die ersten Takte unseres Lieblingsliedes hörten, drückten wir auf Aufnahme. So sammelten wir bänder-weise Musikvideos, bei denen die ersten Sekunden fehlten, und mit denen wir unsere Tanz-, Gesangs- und Englischkenntnisse erweiterten. Waren die Compila-tions überholt, überspielten wir ältere Bänder mit neuen Liedern, klebten neue Aufkleber auf die Rücken der Kassetten und füllten so nach und nach die Regale.

Am 31. August 1997, einem Sonntag, verunglückte Prinzessin Diana von Wales kurz nach Mitternacht bei einem Autounfall in Paris. Um vier Uhr morgens erlag sie ihren Verletzungen. Eine Trauerwelle überrollte ganze Länder. Millionen wollten sich von Englands Rose verabschieden. Blumenkränze, Plakate, weinende Gesichter tauchten in den Nachrichten auf. Dem Trauerzug durch London am 6. September wohnten drei Millionen Menschen bei. An den Fernsehbildschirmen verfolgten 2,5 Milliarden weltweit das Spektakel. Es war das bis dahin größte TV-Ereignis aller Zeiten. Dianas enger Freund Elton John textete sein Lied „Candle in the wind" um, das er ursprünglich Marilyn Monroe gewidmet hatte. Die Single wurde zur meistverkauften in der britischen Musikgeschichte.

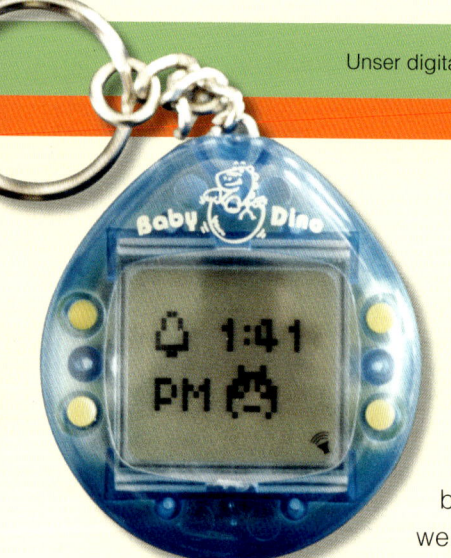

Unser digitales Kind.

Das Kind mit Haltbarkeitsdatum

Aus Japan schwemmten 1997 Tamagotchis in unsere Welt. Auf dem Bildschirm beobachtete man die digitalen Zöglinge. Verpixelte Vögel, die aus verpixelten Eiern geschlüpft waren und nun unsere ganze Aufmerksamkeit fraßen. Sie mussten gefüttert werden, sie mussten bespaßt werden, und sie mussten gereinigt werden. Wir erledigten alles mit nur drei Knöpfen, die wir nach einiger Übung routiniert drückten. Auch während des Schulunterrichts überprüften wir, wie viele Herzen das Tamagotchi anzeigte – daran zeigte sich, wie glücklich die elektronischen Kinder waren. Glückliche Tamagotchis wuchsen heran und wurden größer, bevor sie nach einigen Tagen an Altersschwäche starben. Dann holte man eine Nadel heraus und stocherte an der Hinterseite des Plastikeis herum, um den Knopf zu finden, der ein neues Leben startete. Sofort plumpste ein Ei auf den Bildschirm und wir übernahmen die Mutter- und Vaterrolle von Neuem. Um das digitale Kind musste niemand lange trauern.

Ramschladen auf dem Schulpult

Seitdem wir uns immer mehr in der Rolle des Teenagers eingelebt hatten, wurde die Suche nach der eigenen Identität zur wichtigsten Frage. Wir bewegten uns zwischen dem Willen, dazuzugehören und dem Streben nach Individualität. Die zeigte sich äußerlich im Umgang mit unseren Besitztümern. Federtaschen wurden mit Kulis beschrieben. Mit Edding schworen wir uns Freundschaft auf dem Eastpackrucksack. Selbst die Chucks und die Jeans beschrieben wir: Mit unseren Namen, mit plakativen Lebensweisheiten, mit Liedtiteln und kunstvollen Anarcho-As. In diesem Punkt unterschieden wir uns in unserer Individualität wiederum nicht voneinander.

Jugendlich: Ramschtaschen statt Federmäppchen.

Das rockt: Die ersten Partys.

Wahrheit oder Pflicht

Partys: Die wichtigste Prüfung eines Jugendlichen. Partys wurden bald zum wichtigsten gesellschaftlichen Event. Dort entschied sich, wer cool war. Stundenlang verbrachten wir Zeit mit unserem Outfit, das so unangestrengt wie möglich auszusehen hatte.

In der Straßenbahn und im Bus machten wir uns auf den Weg, denn von unseren Eltern hinfahren lassen – das ging unter keinen Umständen. Zwischen Chips-Schalen und Colaflaschen versuchten wir herauszufinden, wie man sich auf Partys verhält, und wie man mit dem anderen Geschlecht außerhalb der Schule kommuniziert. So viel war klar: Die Spiele vom Kindergeburtstag waren tabu. Ein neues Spiel hielt Einzug auf unseren Feiern: Flaschendrehen. Zeigte der Flaschenhals auf jemanden, hieß es Wahrheit oder Pflicht. Wählte jemand Pflicht, hieß das grundsätzlich: Man hatte jemanden zu küssen. Augen zusammenkneifen, Lippen spitzen, und nach dem Kuss so lässig wie möglich gucken. Um Mitternacht war alles vorbei, denn länger durften wir nicht von zu Hause wegbleiben.

Kokos, Vanille und Mango statt Dusche

Mit der Pubertät wurden unsere Körper uns immer fremder, und wir mussten neu lernen, mit ihnen umzugehen. Zum Glück hatten die Hersteller von Pflegeprodukten Jugendliche als Zielgruppe erkannt und ihr Angebot auf unseren Geschmack erweitert. Pflegecremes, Feuchtigkeitsmasken, Waschgel für jede Art von Hautproblem, Deos in allen Farben und Gerüchen. Jungs wählten zwischen sportlichen, frischen, schweren Männergerüchen, am liebsten vom Hersteller Axe. Mädchen hatten die Wahl zwischen Vanille, Melone, Zitrone, Kokos –

süß und aufdringlich, und in knallbunten Fläschchen von Impulse. Nach jeder Pause und vor allem nach dem Sportunterricht umgaben wir uns mit Deoschwaden, sogar ein Wort fanden wir dafür: „sich eindieseln". In den Sportkabinen lag ein Dunst, der in der Nase brannte, und über dem Klassenraum vermischten sich die verschiedenen Gerüche zu einer atemberaubenden Wolke.

Harry Potter

1997 brachte die britische Autorin Joanne K. Rowling den ersten Teil ihrer Harry-Potter-Bücher mit dem Titel „Harry Potter and the Philosopher's Stone" heraus – die deutsche Ausgabe (Harry Potter und der Stein der Weisen) kam 1998 in die Läden. Der Begeisterungssturm für die Bücher der Britin begann. Bis 2007 brachte sie sieben reguläre Bände heraus. Neuneinhalb Jahre lang hielt sich Joanne K. Rowling durchgehend in der Bestsellerliste der New York Times. Die Bücher erzählen die Geschichte des Titelhelden Harry Potter, Schüler des Zauberinternats Hogwarts. Jeder Band beschreibt ein Schuljahr des Zauberlehrlings und seine Konfrontationen mit dem dunklen Magier Lord Voldemort. 2001 wurde der erste Teil verfilmt. Die acht Filme spielten 7,7 Milliarden US-Dollar ein, damit war Harry Potter die erfolgreichste Filmreihe aller Zeiten.

Fesselnd: Die Lektüre von Harry Potter.

Viele Stunden Arbeit für eine Stunde Musik

Mixtapes waren in unserer Jugend die beliebtesten Geschenke. Noch ein paar Jahre sollte es dauern, bis CD-Brenner so günstig wurden, dass die in jeden Heimcomputer eingebaut wurden. Deshalb behalfen wir uns mit der analogen Variante und nahmen Lieder von CDs auf Tapes auf. Sie waren in mühevoller Kleinarbeit und harter Arbeit zusammengestellt worden – ein echter Freundschafts- und Liebesbeweis. Ein Mixtape zusammenzustellen erwies sich als komplexe Wissenschaft. Das Ende des Bandes durfte nicht das letzte Lied unterbrechen und nach dem letzten Lied durfte das Band nicht leer weiterlaufen. Also musste man die Länge der musikalischen Zusammenstellung vorher ausrechnen, Lieder schieben, Pausen verkürzen, sodass alles passte. Man durfte nicht die besten Lieder am Anfang verpulvern, musste die Waage zwischen ruhigen und schnellen Stücken halten. Und auf die Texte achten, denn mit jedem Mixtape gab man auch ein Stück seiner eigenen Gefühle preis. Erst einige Jahre später waren die CD-Brenner günstiger geworden, sie erleichterten dem Mixtape-Komponisten die Arbeit erheblich. Denn die digitale Aufnahme machte ihm keine zeitliche Vorgabe mehr. Zwölf bis 20 Lieder passten auf eine CD. Eine selbst zusammengestellte Aufnahme zu verschenken war von da an mit weniger Arbeit verbunden. Rückblickend betrachtet haben wir jedoch unsere Mix-CDs mit weniger Sorgfalt aufgehoben als unsere Mixtapes.

Bildschirm im Jugendzimmer

In einer Sache waren wir unseren Eltern immer voraus: im Umgang mit Computern. Wir wuchsen mit der neuen Technik auf und fanden uns bald schneller in Windows und im „www" zurecht als sie. Bald gab es in jedem Jugendzimmer einen Rechner. Man hätte damit so viele Dinge erleichtern können: Antworten auf die Hausaufgabenfragen finden, immer über die Nachrichtenlage informiert sein, eine Programmiererkarriere vorantreiben. Was mehr interessierte: Musik herunterladen – die rechtliche Lage war damals noch ungeklärt – und chatten. Statt zu telefonieren, schrieb man sich Nachrichten, verabredete sich übers Internet und verbrachte ganze Nächte mit Freunden vor dem Bildschirm. Viele benutzten das Programm ICQ, dessen erste Version 1996 auf den Markt gekommen war. Das hatte eine Suchmaske, mit der wir Jugendliche aus der gleichen Stadt, aus dem gleichen Sportverein, mit dem gleichen Musikgeschmack fanden. In der Task-Leiste blinkte dann die grüne ICQ-Blume und bei jeder neuen Nachricht riefen die Lautsprecher „Oh-Oh".

Bleigießen: Der Einstieg in lange Silvesternächte.

Y2K

Die Jahrtausendwende stand an, ein mediales und gesellschaftliches Großereignis mit eigenem Namenskürzel: Y2K. Die Medien prophezeiten einen Computercrash und Flugzeugabstürze, ausgelöst durch die digitale Datumsanzeige „00". In den Wochen vor Silvester berichteten sie von Hamsterkäufen, von Menschen, die Nahrungsmittel im Keller horteten, von Glaubensgemeinschaften, die das Ende der Welt voraussahen. Gespannt begingen wir dieses Silvester, tranken Sekt, obwohl wir erst 13 Jahre alt waren, stellten uns mit Freunden auf Brücken und Aussichtspunkte, um das Feuerwerk besser im Blick zu haben. 24 Uhr kam, die Raketen knallten, und … nichts geschah. Fast fanden wir dieses Silvester weniger spektakulär als frühere. Auf dem Rückweg sahen wir uns um: Keine Autos brannten, alle Häuser standen, und die Luft roch auch nicht vergiftet. Wir trabten mit unseren besten Freunden nach Hause, gingen ins Bett und quatschten im Dunkeln, bis die Augen zufielen. Am nächsten Tag war alles, wie es immer gewesen war.

Vom eigenen Stil zum eigenen Willen

Das Pali-Tuch war ein modisches Muss.

Die Schulmauern haben Augen

Früher oder später hatte es jeden mal erwischt: Man war verliebt. Den ersten Kontakt vermittelten Freunde oder er fand schriftlich statt: „Ich finde dich so süß! Willst du mit mir gehen?" Wenn die Antwort ein Ja war, sorgte das für Wirbel im Freundeskreis und für Veränderungen in der Freizeit. Denn wohin ging man denn gemeinsam? Am Sonntag ins leergefegte Einkaufszentrum, an sonnigen Tagen in den Park, abends ins Kino.

Chronik

26. März 2000
Nach dem Rücktritt Boris Jelzins wird Wladimir Putin zum Präsidenten Russlands gewählt.

8. April 2000
Die erste Babyklappe Deutschlands wird in Hamburg-Altona eingerichtet.

20. Januar 2001
George W. Bush wird als neuer Präsident der USA vereidigt.

11. September 2001
Die Terroranschläge in den USA auf das World Trade Center und das Pentagon halten die Welt in Atem.

1. Januar 2002
Der Euro wird in Umlauf gebracht.

26. April 2002
Am Erfurter Gutenberg-Gymnasium sterben bei einem Amoklauf 17 Menschen.

August 2002
Jahrhundertflut an der Elbe und einigen ihrer Nebenflüsse. Das Hochwasser erreicht in Dresden die Rekordhöhe von 9,40 Meter.

20. März 2003
Beginn des Dritten Golfkriegs. Die deutsche Regierung stellt sich im Irak-Konflikt zusammen mit Frankreich gegen die Kriegspolitik der USA und Großbritanniens.

1. Mai 2004
Die europäische Union wird um zehn Mitglieder erweitert: Estland, Lettland, Litauen, Malta, Polen, Slowakei, Slowenien, Tschechische Republik, Ungarn und Republik Zypern (Osterweiterung).

1. Juli 2004
Amtsantritt des neuen deutschen Bundespräsidenten Horst Köhler.

1. September 2004
Tschetschenische Terroristen besetzen eine Schule in Beslan und nehmen 1200 Menschen als Geiseln. Bei der Befreiungsaktion kommen 340 Menschen ums Leben.

26. Dezember 2004
Durch ein Erdbeben der Stärke 9,1 kommt es im Indischen Ozean zu einer zehn Meter hohen Flutwelle (Tsunami), die weite Teile von Indien, Sri Lanka, Thailand, Malaysia und vor allem Indonesien verwüstet. Es kommen 230 000 Menschen ums Leben.

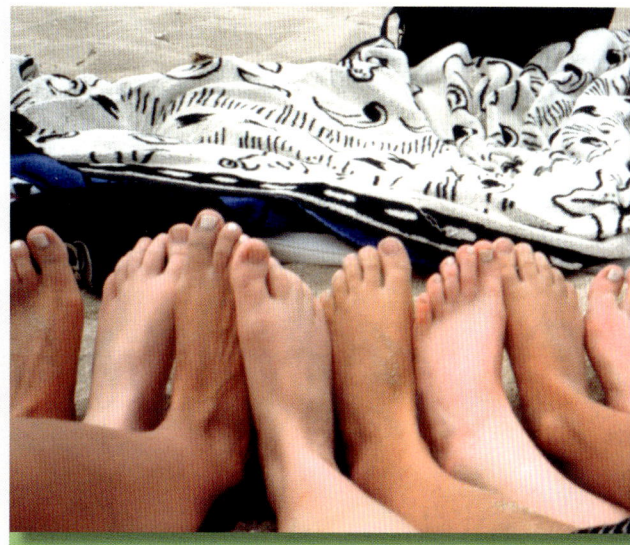

Wir sind viele: Nach der Schule hatten wir Zeit für unsere Freunde.

Und dann, wenn man sich sicherer war: Ein Blick in die Augen, ein unbeholfenes Aufeinanderzugehen, der erste Kuss – feucht, vorsichtig, irgendwie unangenehm. Knutschen ging zuerst nur zu Hause. Noch traute man sich nicht, die Zuneigungen in der Öffentlichkeit auszutauschen – geschweige denn in der Schule, wo alle Freunde neugierig guckten! Erst nach und nach wurden wir uns sicherer und wagten den Sprung in die Öffentlichkeit des Schulhofes. Immer mehr Pärchen standen dort Hand in Hand, und wenn der beste Freund oder die beste Freundin auch gerade mit jemandem ging, konnte man zusammen gehen: Zu einem ersten, unbeholfenen Doppeldate.

Rauchen: Mit 16 testeten wir die neuen Freiheiten aus.

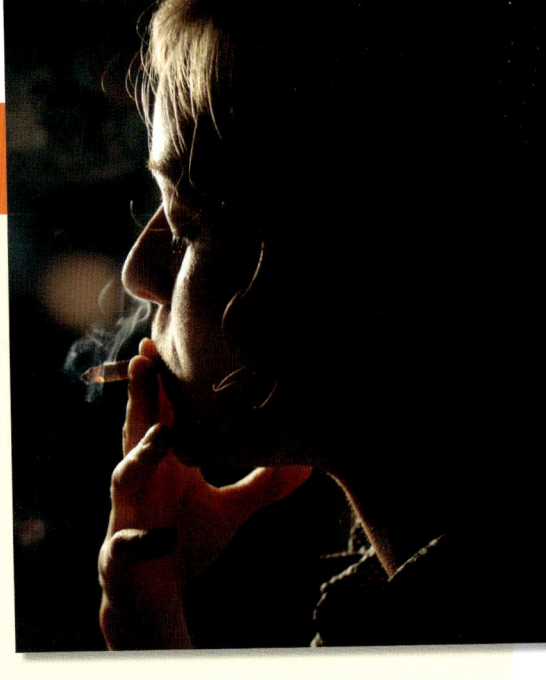

SMS: Zettelchen des neuen Jahrtausends

Die Zeit der Feten war vorbei, die der Partys gekommen. Die Mädchen schminkten sich, die Jungs fingen an, den zarten Flaum über ihren Oberlippen zu rasieren. Wir probierten unsere neuen Freiheiten aus. Mit dem gefälschten Schülerausweis oder dem Personalausweis von denen, die schon 16 geworden waren, kauften wir Zigaretten und Alkohol. Wir verbrachten die ersten Nächte in der Disco. Wir gingen auf Partys und planten selbst welche. Das Geld für Getränke legten wir zusammen, DJ war derjenige mit den meisten CDs. Die letzten Feinheiten planten wir im Unterricht. Unsere Generation hatte einen entscheidenden Vorteil zu früheren: Wir mussten unsere Nachrichten nicht

Kochen konnten wir nicht so gut …

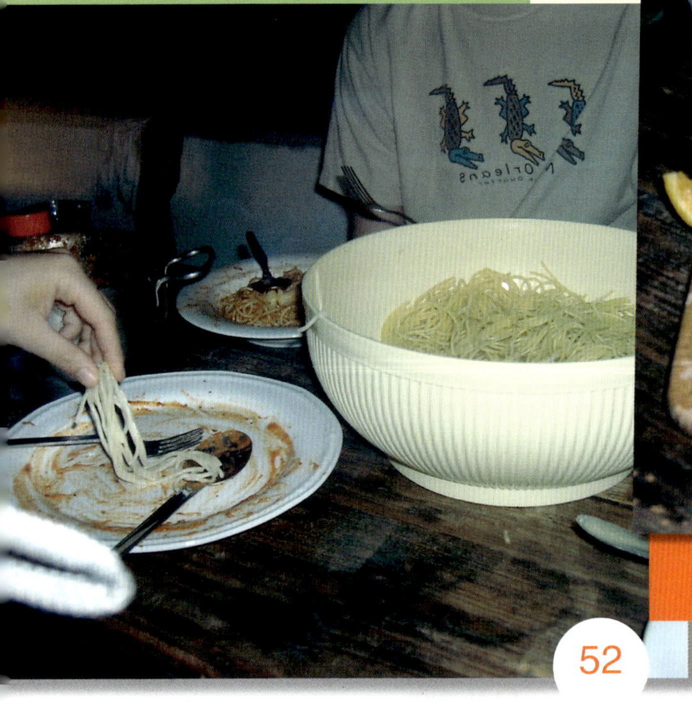

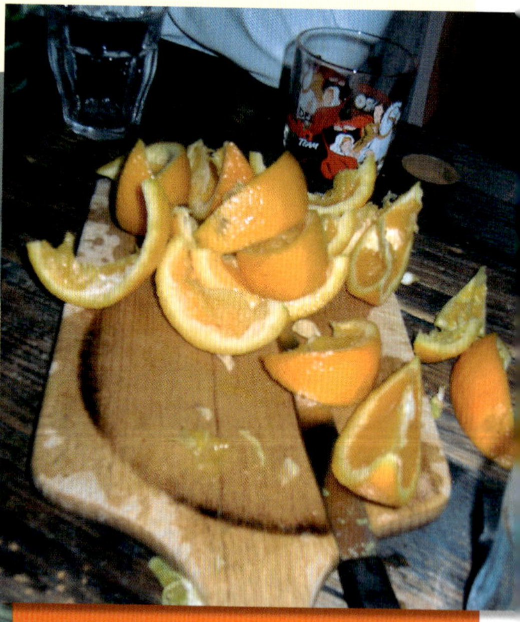

… trinken dafür umso besser.

Partys: Tanzen bis die Sonne aufgeht.

mehr auf Papier über den Weg quer durch die Schulbänke übermitteln und riskieren, dass die Briefe in Lehrerhände fielen.

Fast jeder von uns hatte ein Handy. Per SMS benachrichtigten wir unsere Freunde, die zwei Meter entfernt von uns saßen. Noch waren Handys zu neu, um ein Verbot für die Klassenräume auszusprechen. Wenn alle informiert waren stand die Planung – und die Feier konnte beginnen.

Klaus Wowereit

2001 wurde der Sozialdemokrat Klaus Wowereit zum Bürgermeister von Berlin gewählt. Zu großer Bekanntheit gelangte er in dem Jahr durch die öffentliche Bekundung seiner Homosexualität. „Ich bin schwul – und das ist auch gut so!" – Dieser Satz wurde zum geflügelten Wort. Mit seiner Bekenntnis nahm er Gegnern den Wind aus den Segeln – seine Homosexualität war bekannt und es zeichnete sich ab, dass sie von einigen Medien während des Wahlkampfs thematisiert werden würde. Weitere Bekanntheit erlangte „Wowi", weil er ungewöhnlich oft bei öffentlichen Veranstaltungen und im Fernsehen auftrat, unter anderem bei „Wetten dass ,...?", in der Fernsehserie „Berlin, Berlin" und im Film „Alles auf Zucker".

Immer dagegen! Nur: Gegen was?

Wir lernten bald, dass unsere Mühe nicht fruchtete. Egal, wie viele Stunden man morgens vor dem Spiegel verbrachte, wie viel Einsatz man für ein respektloses und gelangweiltes Erscheinungsbild gab, wie tief die Hose hing, wie schlabberig der Pulli saß, bei der Sinnsuche half das alles nichts. Das Einzige,

Elementare Dinge: Alkohol, Zigaretten, Liebe.

Beste Freundinnen: Wir hielten zusammen.

was uns tröstete: Irgendwie ging es unseren Freunden genauso. Man befand sich unter Leidensgenossen, die sich gegenseitig stützend durch die Pubertät begleiteten. Der Wille zur Abgrenzung entstand, wir wollten unseren Standpunkt finden. Nur hatte unsere Generation wenig zu rebellieren. Viele der Eltern waren in den 70er-Jahren aufgewachsen und hatten sich gegen die eigene strenge Erziehung aufgelehnt. Dadurch war ihr Lebensentwurf viel näher an unserem als in den früheren Generationen. Bei uns hatten sie alles besser machen wollen und uns viele Freiheiten gelassen. Einerseits gefiel uns das. Andererseits hatten wir nichts, woran wir uns hätten stoßen können. Es fehlte der Anlass zu rebellieren, was uns die Suche nach dem eigenen Weg nicht unbedingt leichter machte.

11. September 2001

Die Terroranschläge am 11. September in den USA stellten wegen ihrer weitreichenden Folgen eine historische Zäsur dar und verunsicherten das Sicherheitsempfinden vieler Menschen auf der ganzen Welt. An jenem Tag hatten Selbstmordattentäter vier Flugzeuge entführt und in zivile und militärische Gebäude der USA gesteuert. Zwei Flugzeuge wurden gegen 9 Uhr Ortszeit in die Türme des World Trade

Centers in New York City gelenkt. Ein Flugzeug landete im Pentagon in Virginia, das vierte stürzte nach Kämpfen zwischen den Attentätern, der Besatzung und den Fluggästen in Pennsylvania ab. Die Türme des World Trade Centers stürzten in den folgenden anderthalb Stunden aufgrund der Wucht des Aufpralls ein. Über zweitausend Menschen, darunter 343 Feuerwehrmänner, befanden sich noch in den Gebäuden und wurden beim Einsturz getötet. Dutzende waren bereits aus den oberen Stockwerken in den Tod gesprungen, da ihnen alle Fluchtwege abgeschnitten waren und sie im Feuer zu ersticken oder zu verbrennen drohten. Insgesamt kamen bei den Anschlägen 3015 Menschen ums Leben, inklusive der 19 Attentäter. Später bekannte sich das islamistische Terrornetzwerk Al-Qaida zu den Anschlägen. Dem historischen Datum wurde mit dem Kürzel 9/11 ein Name gegeben. Die Ereignisse dieses Tages prägten den Anfang des gerade begonnenen Jahrhunderts. Der damalige Präsident der Vereinigten Staaten, George W. Bush, begann nach den Anschlägen seinen Kampf gegen den Terror. Die USA begründeten die Kriege in Afghanistan 2001 und im Irak 2003 als Reaktion auf die Anschläge. Auch langfristig hatte der 11. September Folgen. In vielen Ländern wurden die Einreisebedingungen verschärft, Überwachung wurde ausgeweitet und Menschenrechte eingeschränkt. Der amerikanische Präsident leitete aus seinem Kampf gegen den Terror das Recht seines Staates auf Präventivkriege ab. Die USA richteten ein Terroristen-Gefängnis in Guantánamo ein, das später heftige Kritik aufgrund der menschenunwürdigen Behandlung von Gefangenen erntete.

Zu weit und zu kaputt

Die modischen Wege trennten sich bald in Gruppen, die sich an Musikstilen und Lebenseinstellungen orientierten. Hip-Hop, Techno, Grunge: Jede Jugendkultur hatte ihre visuellen Codes. Die Hip-Hopper trugen weite Hosen, weite T-Shirts, Kapuzenpullover. Die Füße steckten in klobigen Skate-Schuhen. Die Techno-Hörer trugen in den ersten

Es kommt Bewegung in die Mode: Zum typischen Outfit der 90er gehörten Chucks ...

Jahren des neuen Jahrtausends Plastikhosen, im Bund eng, unten flatternd.
Dazu gehörten Schuhe mit extrem hohen Plateausohlen der Marke Buffalo. Wer
sich an alternativer Rockmusik orientierte, wollte den Anschein geben, als hätte
er keine Mühe in sein Äußeres gesteckt. Deshalb war man tagelang durch
Secondhand-Läden gestreift auf der Suche nach einer 70er-Jahre-Trainings-
jacke, die Chucks wurden wochenlang bearbeitet für den Used Look, die
Buttons und Aufnäher waren sorgfältig auf dem Parka platziert worden: Politische
Aussagen und Bandnamen waren scheinbar wahllos auf die Jacke gesteckt.
Und auch das Pali-Tuch war eher modisches als politisches Statement.

Wort des Jahres

1986	Tschernobyl	1996	Sparpaket
1987	Aids, Kondom	1997	Reformstau
1988	Gesundheitsreform	1998	Rot-Grün
1989	Reisefreiheit	1999	Millennium
1990	Die neuen Bundesländer	2000	Schwarzgeldaffäre
1991	Besserwessi	2001	Der 11. September
1992	Politikverdrossenheit	2002	Teuro
1993	Sozialabbau	2003	Das alte Europa
1994	Superwahljahr	2004	Hartz IV
1995	Multimedia		

Euro statt Mark

Eine Währungsunion kannten wir nur aus den Geschichtsbüchern und den Erzählungen unserer Großeltern. Zwischen den Jahren 2001 und 2002 sollten wir dann selbst eine erleben. Der Euro sollte in vielen Ländern der EU einge-führt werden. Unser Startkapital waren 10,23 Euro, in ein Plastiksäckchen eingeschweißt, die man ab dem 17. Dezember 2001 auf der Bank gegen DM tauschen konnte. Diese Starterkits hatte es von den Eltern zu Weihnachten gegeben. Schon Wochen vorher hatten die Geschäfte ihre Preisschilder in zwei Währungen ausgehängt. Wir hatten die Faustregel im Kopf. Den neuen Preis mal zwei, dann hat man den alten Preis in D-Mark. Lange Rechnereien zogen die Wartezeiten an den Kassen in den ersten Wochen des neuen Jahres oft in die Länge. Doch taten sich Jugendliche nicht schwer mit der Umstellung. Nur die Älteren stöhnten noch nach Jahren, dass sie sich die Umrechnerei nicht abgewöhnen konnten. Es wurde über höhere Preise geschimpft, das Wort Teuro wurde zum Wort des Jahres gewählt. Andere waren erleichtert, auf Reisen kein Geld mehr an Wechselstu-ben umtauschen zu müssen. Uns, die wir unser finanzielles Dasein von zu wenig Taschengeld friste-ten, war das ziemlich gleichgültig. Denn ob wir nun pleite in D-Mark oder in Euro waren, machte wirklich keinen Unterschied.

Begehrt: Das Euro-Starterkit.

Rebellion auf den Köpfen

Die meisten modischen Experimente betrafen die Haare. Wer ein richtiger Punker sein wollte, brauchte einen Iro, und wer auffallen wollte, färbte sich die Haare, am liebsten mit der Marke Directions. Diese kleinen Farbtöpfe gab es in jeder Farbe des Regenbogens. Unsere Köpfe leuchteten in Gelb, Grün, Blau, Türkis, Braun, Schwarz, Rot, Pink, Lila, Orange – und bald auch jedes Stoff-stück in der Waschmaschine. Schals, Kissenbezüge, Handtücher: Sobald ein Stoff in Berührung mit den Haaren kam, nahm er deren Farbe an.

Unsere äußerliche Abgrenzung machten wir jedoch nicht nur mit der Haarfarbe klar, sondern mit immer mehr Vorliebe durch permanente Veränderungen. Anfang des neuen Jahrtausends waren Piercings und Tattoos nicht mehr aufzuhalten. Erst wer 18 geworden war, durfte sich offiziell ein Bild in die Haut stechen lassen. Wer jünger war, brauchte die Einwilligung der Eltern. Das führte zu stundenlangen Diskussionen in heimischen Wohnzimmern. Wer seine Eltern überzeugen konnte, oder einen Tätowierer gefunden hatte, der es nicht so genau nahm, wälzte stundenlang die Fotoalben im Tattoo-Studio. Ob Tribal oder Sternchen – wir waren bereit, eine Entscheidung für die Ewigkeit zu treffen. Und mit den Motiven bleibt auch eine Wortschöpfung für immer in aller Munde. Die Bezeichnung für ein ornamentales Muster quer über dem Steißbein: das Arschgeweih.

Amoklauf von Erfurt

Am 26. April 2002 betrat der 19-jährige Robert Steinhäuser seine ehemalige Schule, das Gutenberg-Gymnasium in Erfurt, und begann seinen Amoklauf. Er tötete zwölf Lehrer, eine Sekretärin, zwei Schüler und einen Polizisten. Anschließend erschoss er sich selbst. Die Tat fand am Tag der schriftlichen Abiturprüfungen statt.

Der Amoklauf fachte die öffentliche Diskussion um die Themen Jugend und Gewalt an, besonders in Bezug auf Ego-Shooter-Computerspiele. Denn in der Wohnung des Amokläufers hatte die Polizei einige solcher Spiele gefunden. Die Diskussionen beschleunigten die Arbeit am neuen Jugendschutzgesetz, das wenige Wochen später verabschiedet wurde, und trugen dazu bei, dass es verschärfte Regelungen für diese Bereiche enthielt.

Statt Hausaufgaben zu machen, spielten wir lieber Gitarre.

Kinder des digitalen Zeitalters

Wir Kinder der 80er-Jahre erlebten den digitalen Wandel mit. Deshalb bereitete es uns keine Schwierigkeiten, mit technischen Neuerungen umzugehen. Wir hatten die Zeit der Modems

miterlebt und konnten das Knacksen und Piepen vom Einwählen ins Internet immer noch auswendig mitsingen. Wir haben gesehen, wie die Videogeräte aus den Wohnzimmern verschwanden und DVD-Spielern Platz machten. Wir haben miterlebt, wie die CD von einem neuen Speicherformat vertrieben wurde: dem MP3. Um die Jahrhundertwende wurde das Herunterladen von Musik aus dem Internet populär. Als erstes Portal war Napster 1998 gegründet worden. Weil die Plattenfirmen ihre Verkaufszahlen sinken sahen, trieben sie ein Verbot des kostenlosen Downloads voran. Musik kostenlos zu laden wurde illegal. Also wurden Download-Portale gegründet, bei denen man gegen Bezahlung Musik laden konnte. 2004 wurden die ersten Download-Charts veröffentlicht, die die beliebtesten Musikstücke aufzeigten.

Siegeszug der Castingshows

Die Sendung „Popstars" (erst RTL II, dann ProSieben) machte den Anfang. In der ersten Staffel im Jahr 2000 wählte eine Jury aus einer Schar Jugendlicher die fünf besten Sängerinnen aus. Mit ihnen wurde unter dem Namen No Angels eine Band gegründet und ein Album aufgenommen. Das Format war erfolgreich und andere Sender zogen nach. Dieter Bohlen castete mit weiteren Jurymitgliedern einen Solokünstler in seiner Sendung „Deutschland sucht den Superstar". Dann etablierte Sat 1 seine Sendung „Star Search", andere folgten dem Beispiel. 2003 boomten die Shows und immer mehr gecastete Bands und Solokünstler schwemmten auf den Musikmarkt. In den folgenden Jahren wurde vieles im Fernsehen zusammengesucht: Schauspieler, Models, Musical-Sänger. Nur wenige der Show-Gewinner blieben länger als einige Monate im öffentlichen Gedächtnis. Viele Sendungen wurden wieder eingestellt. Selbst Stefan Raab startete eine Castingsendung, allerdings als Alternative zu den kommerziellen Sendungen. In „SSDSGPS" (Stefan sucht den Super-Grand-Prix-Star) parodierte er die herkömmlichen Castingsendungen und übertraf sie zugleich im musikalischen Niveau, wofür er 2005 den Adolf-Grimme-Preis erhielt.

Katalogseiten statt Schaufenster

Einmal im Monat ging der Katalog im Klassenzimmer umher. EMP, Frontline, Lost and Found. Die richtig guten Klamotten fanden wir nicht in Läden der Innenstadt. T-Shirts von Bands, Filmplakate, ausgefallene Schuhe, Röcke, die nicht jede trug. Jeder suchte sich aus, was er brauchte, und dann wurde die Gruppenbestellung aufgegeben. Nicht selten überstieg die gemeinsame Rechnung einige hundert Euro. Mit sorgfältig ausgearbeiteten Rechnungszetteln wurde dann das Geld vom Einzelnen eingesammelt. Denn auch wenn wir mit Papierkram nichts zu tun haben wollten – wenn's ums eigene Geld ging, waren wir pingelig. Nur das EMP-Shirt, das es bei jeder Bestellung umsonst dazugab – das gab man freiwillig an die Metal-Fans in der Klasse weiter.

Investitionen: Die neuen Verstärker brachten die Boxen zum Vibrieren.

Die erste Million ist die schwerste

Es reichte nie. Es war vorne und hinten zu knapp. Die erste Woche des Monats war gerade vorüber, da war unser Taschengeld schon aufgebraucht. Pleite. Von den Eltern gab's auch nichts mehr, weil sie das Spiel schon kannten. Also ging es in die Verhandlungen um mehr Taschengeld. Geschirr spülen, Badezimmer putzen, Müll rausbringen. Wir waren uns für nichts zu schade. Trotzdem reichte es nicht, also suchten wir uns Jobs. Die Arbeit als Kellner brachte das meiste Geld. Nur musste man dafür entweder abends oder an den geliebten Wochenenden arbeiten. Zeitungen austragen fiel aus, dann hätten wir vor der Schule noch vier Stunden früher aufstehen müssen. Manche ließen sich für die Promotion von Mobilfunkanbietern anwerben. Andere

rannten im Sommer im Poloshirt über den Golfplatz am Stadtrand und zuckelten als Caddy einen Wagen mit Schlägern hinter den Spielern her. Der Job mit dem meisten Prestige war jedoch der des Verkäufers in einem Modeladen wie H & M, das auch in mittelgroßen Städten immer mehr Filialen eröffnete. Man war nicht dem Wetter ausgesetzt, hörte den ganzen Tag Radio – für manche ein Segen, für andere ein Fluch –, traf gut gekleidete Gleichaltrige und erhielt die Kleidung aus dem Warenlager zum Mitarbeiterpreis. Zwar schuftete man auch dort für einen Hungerlohn, aber jeder Extra-Euro war es uns wert.

Hip-Hop wird aggressiv

Um die Jahrtausendwende boomte der deutsche Hip-Hop. In der Hamburger Szene bauten die Absoluten Beginner, Samy Deluxe, Fünf Sterne Deluxe und andere auf dem Stil von Bands wie den Fantastischen Vier und Blumentopf auf. Die Hamburger Szene schaffte den Durchbruch in die Charts um das Jahr 2000. In den folgenden Jahren spülte der Gangsterrap in die deutsche Musik, und immer mehr Künstler orientierten sich an amerikanischen Vorbildern, zeigten sich in ihren Videos mit Statussymbolen und nutzten eine rauere Sprache. Sie bedienten jedoch auch andere Themen, rappten mitunter über Herkunft und Benachteiligung. Doch in die öffentliche Diskussion rückte deutscher Hip-Hop erst, als Sido auf den Bildschirmen erschien. Der Berliner Rapper veröffentlichte 2004 sein Debüt-Album Maske auf dem Label Aggro Berlin, das Gold-Status erreichte. Das Label ist dafür bekannt, vornehmlich Künstler mit auffallend provozierenden Texten zu fördern. Einige Sampler wurden sogar auf den Index gestellt.

Abenteuer Großstadtdschungel

Mit Mühe und der tatkräftigen Hilfe sämtlicher Verwandter hatten wir den Führerschein zusammengespart. Schon seit dem 17. Geburtstag wünschten wir uns Geld, um den Traum von Mobilität wahrzumachen. Voller Ungeduld saß der Fahrschüler dann in den theoretischen Stunden, folgte 80er-Jahre-Lehrfilmen zum richtigen Einparken und füllte die auswendig gelernten Antwortbögen aus. Die erste Fahrstunde gestaltete sich dann jedoch schwieriger als erwartet. Wir nahmen beim Kurvenfahren Bordsteine mit, ignorierten Vorfahrtsregeln, würgten den Motor ab. Zwar nahmen die vielen Übungsstunden einen Großteil der Unsicherheit, doch trotzdem ging man mit mulmigem Gefühl in die praktische Prüfung, die meist auf einen Samstag gelegt worden war. Nervöser als vor jeder Klausur setzten wir uns hinters Steuer, der Fahrlehrer auf dem Beifahrersitz, der Prüfer auf der Rückbank. So sorgfältig, wie wir uns wohl nie wieder im Straßenverkehr verhielten, fuhren wir die Prüfungsstrecke ab und waren mehr als verwundert, wie kurz und zugleich lang eine Dreiviertelstunde wirken kann. Trotz aller Befürchtungen meisterte fast jeder die Prüfung ohne Schwierigkeiten. Auf manche wartete als Geschenk zum 18. Geburtstag ein eigener Wagen. Andere mussten ihr Dasein als Autofahrer im Wagen der Eltern fristen, bis sie das Geld für ein eigenes Auto aufbringen konnten.

Endlich motorisiert: Auf den Roller waren wir mächtig stolz, noch mehr auf das eigene Auto.

Polonaise: Auf dem Abiball war uns nichts peinlich.

Endlich erwachsen

Der 18. Geburtstag stand an: Manche waren im letzten Schuljahr des Gymnasiums angekommen, andere hatten früh Geld verdienen wollen und nach dem Realschulabschluss eine Ausbildung begonnen. Berufswünsche wurden geplant und wieder verworfen, Studienverzeichnisse gewälzt, Städte aussortiert. Die Jungs kümmerten sich um einen Platz als Zivildienstleistender oder bereiteten sich auf ihren Wehrdienst vor. Andere planten ein Jahr Auszeit im Ausland. Nachdem die Abiprüfungen geschafft waren, ging es in den letzten gemeinsamen Urlaub, bevor sich die Wege trennten. Zu viert im engen, klapprigen, mit Bandstickern beklebten Auto ging es los in den ersten Urlaub nur mit Freunden: Auf den Campingplatz nach Südfrankreich oder auf die Festivals der Saison. Zwischen Schlafsäcken und Grills hockte man auf der Rückbank, die Lautsprecher aus dem Kofferraum beschallten die Ohren. In dem Jahr hatte die Band Juli ihr Lied „Geile Zeit" veröffentlicht, das für manchen gut als Soundtrack zu diesem Sommer passte. Es war ungemütlich und stickig, doch der Duft der Veränderung umwehte unsere Nasen. Wir waren so glücklich und frei wie noch nie, und doch wehmütig, weil wir wussten, dass sich unsere Wege bald erneut trennen sollten. Trotzdem machten wir uns keine Sorgen. Stattdessen erwarteten wir gespannt die Zukunft.

Musik und Zelte: Sommer war die Zeit der Festivals.

15. bis 18. Lebensjahr